CÓMO
CURAR UN
CORAZÓN
ROTO

GABY PÉREZ ISLAS

CÓMO CURAR UN CORAZÓN ROTO

Ideas para sanar
la aflicción y la pérdida

Diseño de portada: Lizbeth Batta Fernández
Ilustraciones de portada e interiores: Felipe López de la Peña
Fotografía de la autora: Etzael Álvarez

© 2011, María Gabriela Pérez Islas

Derechos reservados

© 2011, Editorial Planeta Mexicana, S.A. de C.V.
Bajo el sello editorial DIANA M.R.
Avenida Presidente Masarik núm. 111, 2o. piso
Colonia Chapultepec Morales
C.P. 11570 México, D.F.
www.editorialplaneta.com.mx

Primera edición: noviembre de 2011
ISBN: 978-607-07-0965-4

Impreso en los talleres de Litográfica Ingramex, S.A. de C.V.
Centeno núm. 162, colonia Granjas Esmeralda, México, D.F.
Impreso y hecho en México - *Printed and made in Mexico*

Contenido

*Dedico este libro y mi esfuerzo diario
a mi esposo Luis, por la fortuna de tenerlo a mi lado.
Amo la familia que formamos.*

*A mis hijos Luis, Edu y Bernie, a quienes admiro
profundamente y que son mi gran* Para qué.

*A mis padres Nelly y Juan, por haberme dado la vida,
por quererme tanto y porque desde trincheras
muy distintas ambos me han enseñado mucho
sobre el dolor y la actitud.*

*También a todos mis pacientes que,
a lo largo de estos diez años, me han dado
el privilegio de poder tocar sus vidas.
Los llevo siempre conmigo.*

Introducción

La mejor manera de honrar a quien se ha ido
es seguir con su legado;
si se esforzó por hacernos felices,
por qué pagarle su muerte con nuestra infelicidad.

Ante la incertidumbre de la vida podemos estar seguros de una sola cosa: viviremos momentos muy felices, pero también habremos de enfrentar pérdidas; de cómo las manejemos se determinará la calidad de nuestra vida y de cómo aceptemos el hecho de nuestra fragilidad mortal dependerá el tener, o no, un proyecto de vida aterrizado. Ir a un bautizo, celebración del comienzo de la vida, no nos pone a reflexionar acerca del significado de ésta. En cambio, un velorio o funeral nos sacude, nos confronta con el verdadero sentido de las cosas.

El no elaborar nuestros duelos nos hace cargar una maleta muy pesada por la vida, llena de rencores, *no perdones* y resentimientos. Nuestra existencia actual, agitada y cambiante, nos exige movernos rápidamente, ajustarnos a nuevas circunstancias para así poder sobrevivir. Es por ello que esa maleta resulta estorbosa e incómoda, es mejor hacer una limpieza de su contenido y resolver de una vez y para siempre esos dolores y heridas que han marcado nuestra vida.

La aceptación del fenómeno natural de la muerte parece alejarse de nuestros hogares mexicanos cada vez más. Existe un hueco literario-informativo muy grande en nuestro país. Al buscar un texto que hable acerca de la muerte, las pérdidas y cómo manejar el tema, nos topamos con traducciones que tratan de ceñir a fuerza nuestros hábitos y tradiciones a otros temperamentos y manera extranjera de reaccionar ante estos sucesos. En este libro encontrarás casos de pacientes de nuestra idiosincrasia, de circunstancias que le atañen a México y América Latina, costumbres y tradiciones que forman parte de nuestra psicología para aceptar o negar lo que nos ocurre.

Me di a la tarea de crear ese libro, el que tanto busqué para recomendarles a mis pacientes, a aquellos que necesitaban una guía de acción pero a la vez un cómplice y aliado en la difícil tarea que enfrentaban. Una obra esperanzadora que les dijera que sí es posible salir adelante, volver a ser felices y no tener que sentir lástima por sí mismos.

Aquí te hablaré de todo tipo de pérdidas, aprenderás a reconocerlas y a enfrentarlas. Sabremos que es mejor encararlas que darles la vuelta, porque si hacemos eso podrán volver a salir a nuestro encuentro en cualquier momento.

La muerte de una mascota querida, un cambio de domicilio, la pérdida de empleo, divorcio, adicciones, trastornos alimenticios, de salud y hasta sueños rotos recorrerán estas páginas.

También hablaremos de muerte pero más que nada nos referimos a la vida. Sobre la muerte puede hacerse muy poco, en cambio sobre la vida hay todo por hacer.

Etimológicamente la palabra *Tanatología* viene de *Thanatos* = muerte y *Logos* = tratado, pero no es nada más eso, la tanatología nos habla de la vida, de vivirla con intensidad, con sentido y con responsabilidad y, sobre todo, con esa motivación de pensar que cada día puede ser el último.

Yo necesitaba una obra que hablara con la verdad, sin teorías románticas o solo religiosas para explicar lo irreversible y abrumador de la pérdida, pero a la vez que no fuera cruel o insensible y que estuviera al nivel de las preguntas del doliente.

Este libro es un amigo, el tanatólogo de buró para los adultos que requieran enfrentar el tema de las pérdidas y de la realidad de la muerte, con los niños, los jóvenes o con ellos mismos.

Cómo curar un corazón roto es un texto directo, sin minimizar la magnitud de lo ocurrido, y expuesto con claridad y veracidad. En ningún momento se pasa por alto el tacto y la delicadeza con los que deben tratarse estas cuestiones.

En él no solo encontraremos puertas que se abren y respuestas para los demás, descubriremos lo que verdaderamente es la aceptación y enfrentaremos el reto de crecer con nuestras pérdidas. Por mucho tiempo se ha creído que la aceptación es igual a la resignación y esto no es cierto.

Entender que la aceptación es una postura activa ante lo que nos ha ocurrido nos pone inmediatamente en una condición protagónica que exige toma de decisiones y posturas vitales.

Al final de cada capítulo encontrarás un espacio donde incluir tus propias reflexiones y cuestionamientos, y si lo deseas, házmelos saber a la siguiente dirección de correo electrónico: *gabytanatologa @gmail.com* ya que juntos haremos la segunda parte de este manual de sanación y crecimiento.

Cómo curar un corazón roto es lo que he construido con todas las lágrimas que han compartido conmigo mis pacientes, me las confiaron y yo edifiqué con ellas esta fortaleza salada que nos contendrá e impulsará en momentos de oscuridad.

No hay una manera correcta de vivir un duelo,
no existe un manual de pasos a seguir, solo hay
que dejarse sentir y pasar a través del dolor.

I
La pérdida y el duelo

¿Qué es el duelo?

Cuántas veces hemos escuchado de pérdidas ajenas, de catástrofes naturales, secuestros y suicidios. Basta encender el televisor para convertirnos en testigos implícitos, pasivos, de cientos de crímenes impunes y muertes que nos parecen sin sentido. Todo esto nos toca, claro, somos seres emotivos y sensibles, pero jamás comprenderemos lo que es un duelo a partir de los dolores ajenos. Es hasta que algo pasa en casa o con nosotros mismos cuando comprendemos la magnitud y también las bondades ocultas de un duelo bien elaborado.

Pérdida es algo que teníamos y dejamos o vamos a dejar de tener. Abarca desde algo simple y material como las llaves del automóvil o una joya, hasta la muerte de un ser querido, un divorcio, la pérdida de la salud o cambio en las condiciones de vida.

Si ya perdimos al objeto de nuestro afecto, es un duelo en proceso y si aún no ha llegado ese momento, se vive un duelo anticipatorio, como cuando tenemos un diagnóstico de enfermedad terminal. El diagnóstico no es la sentencia, pero a partir de que lo recibimos empezamos a perder cosas, entre ellas el pensamiento mágico de que la muerte o el dolor es algo que les ocurre a otros.

Pero pérdida es también algo que yo deseaba y nunca pude alcanzar. Por ejemplo, si yo quería ser un pianista famoso y resulta que soy un empleado en una tienda de abarrotes, estoy viviendo una pérdida. También aquella mujer que quería ser madre y por diferentes circunstancias no logra serlo, se enfrenta a un tremendo duelo.

No siempre estas pérdidas tienen el reconocimiento y apoyo social que requieren. Para esta situación en específico hay dos mil libros sobre maternidad, pero ninguno te acompaña en el duro trance de querer serlo y no conseguirlo. Citas, estudios, inseminaciones, fertilizaciones *in vitro* y todo el dolor y desgaste que esto conlleva son búsquedas en las cuales si no se obtienen los resultados esperados, no se validan como caminos de crecimiento en sí mismos.

Esta situación y otras por el estilo las encaramos como problemas por resolver y no como experiencias por vivir.

El caso de Marco

Soy el tercero de cinco hermanos, todos con carrera, todos trabajando. Mi padre no opinaba mucho en la familia, la que verdaderamente movía los hilos era mi abuela. Ella aprobaba o desaprobaba nuestras elecciones de carrera, como también pagaba las colegiaturas imagino que tenía ciertos derechos. Cuando le comenté que quería estudiar arquitectura, se rió. Ella ya había considerado que en toda buena familia debe haber un doctor, un abogado y un sacerdote. Mis dos hermanos mayores estudiaban leyes y yo no iba a meterme al seminario, así que adivinen cuál camino me esperaba.

No voy a negar que el ser internista me ha dado grandes satisfacciones pero tuve que suplir la falta de vocación inicial con mucha disciplina y fuerza de voluntad. Esta profesión me ha permitido tener una vida cómoda y viajar. En cada ciudad que visito contemplo durante horas edificios y construcciones. Siento melancolía y nadie puede entender este sentir. "Pero si eres exitoso", me dicen. "Si te va muy bien", me comentan otros y no se trata de eso: es simplemente que ahora me dedico a salvar vidas pero dejé morir al arquitecto que vivía en mí.

Una pérdida, sin importar lo que haya sido, te lleva a vivir un duelo. Es un proceso que deberemos de atravesar en cinco etapas que explico brevemente más adelante. La duración e intensidad de cada una dependerá de nuestro apego al "objeto" perdido y del grado de satisfacción que sintamos respecto de la relación.

Si nos roban una computadora, por ejemplo, nos dolerá e implicará un gasto inesperado, pero no vamos a recordarlo durante un año, al menos no con el mismo sentimiento. Sin embargo, ante la muerte de un ser querido pueden pasar uno o dos años y por momentos sentimos que el sufrimiento es igual de agudo o inclusive peor que el primer día. Con frecuencia mis pacientes me comentan, al pasar unos tres meses del suceso doloroso: "Estoy peor que al principio" y esto es totalmente esperado y normal. Es muy marcado que, justo a los tres meses después, la familia vuelve a su rutina y se quita un poco ese "marcaje personal" de llamadas de amigos y familiares todo el tiempo, visitas y preguntas. Todos esperarían que estuviéramos mejor, pero no es así.

No permitas que la gente te indique cómo vivir tu vida, ya que, como por acto de magia, al sufrir una pérdida, las personas a nuestro alrededor se vuelven expertas en el tema. Todos nos aconsejan, todos saben qué nos conviene, pero aunque puedan ser bien intencionados, las vidas no son coches averiados a los cuales podamos apretarle por aquí o cambiarle una pieza y listo. Hay comentarios que nos cargan de culpa y otros que nos enojan de sobremanera; tenemos que desarrollar un escudo protector que nos haga impermeables a todos los mensajes del exterior que tanto nos confunden.

Esta es una ecuación mucho más complicada. Escucha solo la opinión de quien admires y a quien le reconozcas congruencia y triunfo en su propia persona.

El asunto es que un duelo puede ser una oportunidad de llenarte de empatía y sabiduría, si optas por transitarlo peldaño a peldaño y en conciencia, si extraes significados y eres honesto contigo mismo y con lo que estás sintiendo. Pero un duelo evadido puede llenarnos de basura emocional. Un ejemplo de esto es cuando vamos manejando y, por descuido o error, la llanta de nuestro automóvil toca la línea del carril siguiente. El conductor de al lado quiere matarnos, toca el claxon, nos insulta y sobrerreacciona ante esta situación porque trae mucho enojo consigo mismo. Nuestra acción poco contribuye a ello. Ahí vemos que tiene sus duelos no resueltos y va como camión de la basura, con la caja llena y solo esperando ver dónde puede depositar su carga.

Es muy difícil que alguien viva un duelo puro, siempre traemos atrás algo que no quedó bien definido o resuelto y es hasta que nos enfrentamos a otro golpe que ambas situaciones buscan acomodarse en nuestra vida.

En México hay un dicho muy sabio y curioso: "Te jalan la cobija y se te destapan los pies". Aplicado al duelo, yo diría que aterriza un nuevo dolor y despierta al que ya tenías latente en ti.

Es como una ola que llega y revuelve la arena que ya se había asentado bajo tus pies.

El caso de Vanessa

Mi mejor amiga murió hace un par de años, la lloré poco. Sentía que si me ponía a llorar no iba a parar nunca y por eso decidí no hacerlo. Estaba ocupada, tenía que acabar la carrera, titularme, buscar empleo y empezar a ganar dinero. Eso hice y caí en mucha actividad, pero todo con el afán de no sentir.

Hace unas semanas murió mi padre, un infarto cambió mi vida y la de mi mamá para siempre. Entonces me cayó de golpe el duelo por la muerte de Montse, mi amiga. Este nuevo dolor reactivó lo que yo no había sanado en mi pérdida anterior y ahora sí que fue como si me quitaran el tapete bajo los pies. Imposible seguir actuando como si nada hubiera pasado. No hay manera de escapar de lo que duele. Me siento fatal porque algo dentro de mí me dice que le estoy robando protagonismo a lo que le pasó a mi papá. Tengo miedo entonces de sufrir su muerte en dos o tres años, cuando algo más me ocurra.

Estoy asustada, desconcertada y quiero parar este ciclo de cuentas o lágrimas pendientes. Recurro a una consejería porque hoy veo que lo que estoy viviendo me rebasa y necesito ayuda.

Gaby dice que la verdadera autoestima es expresar: "Yo lo puedo todo, pero no puedo sola".

Estar en un duelo es como haberse subido a una montaña rusa de emociones, no tienes el freno y tampoco sabes dónde vendrá una curva o bajada. Es muy intenso y requiere de nosotros un buen manejo de esto que sentimos. Utilizar las emociones de forma inteligente es saber ejercer gobierno sobre nosotros mismos.

Mientras más conscientes seamos de nuestra vida emocional, más capaces seremos de dirigir nuestra vida. Mientras más inconscientes seamos de nuestra vida emocional, estaremos siempre en manos de los otros y de las circunstancias.

Las emociones en sí mismas no son ni buenas ni malas, simplemente son. Todo lo que sentimos está bien y es válido, pero no todo lo que hagamos con lo que sentimos es permitido. La emoción no se limita, la acción sí.

Por ejemplo, si yo estoy enojada con mi papá por haberse ido de la casa, puedo sentir enojo y frustración, incluso deseos de que alguien pague por todo este sufrimiento. Sentirlo está bien, pero si yo lo insulto, lo trato mal y hago cosas para que él sufra, eso solo irá en detrimento de mí misma. Las acciones tienen que modularse y frenar conductas que no sean positivas ni le aporten nada a nadie.

Duración

Una de las preguntas más frecuentes que como tanatóloga recibo es: "¿En cuánto tiempo mi vida volverá a ser la de antes?". Si se trata de hablar con la verdad, diré que como antes no volverá a serlo nunca, pero puede ser muy buena y en ocasiones incluso mejor.

Es terrible y hasta ofensivo que la gente se te acerque para decirte: "Todo va a estar bien", porque no es así. Vendrán tormentas y tu mundo, como lo conocías, puede no volver jamás, pero eso no significa que tendrás una mala vida o que estás acabado. Si trabajas por ello, habrá una reconstrucción.

El tiempo que esto tome es difícil de determinar, dependerá de muchos factores y sobre todo de nuestra actitud frente a la pérdida.

Por medio de la actitud las personas:

- Se relacionan con el medio físico y social que las rodea.
- Controlándola, pueden autodirigirse y relacionarse correctamente con los demás.
- Crecen.
- Hacen compromisos serios.
- Salen de su área de seguridad.

Hay pérdidas más naturales que otras, como la supuesta "ley de vida", según la cual se asume que tus padres morirán antes que tus hijos, pero para cualquier pérdida que ocurra tienes lo necesario para enfrentarlo. Esto es tan cierto como que mañana habrá de amanecer. Aunque no sepas cómo vas a lograrlo, créeme, vienes equipado con lo que se necesita para salir adelante.

En la vida tenemos lo dado no pedido, y lo que sí hemos buscado y obtenido; en ambos casos, nuestra principal herramienta de construcción es la actitud. No digo arma porque la vida no debe ser esta guerra que imaginamos, es una obra en proceso y entre más herramientas emocionales tengamos para levantar este templo, mejor será nuestro resultado.

En términos generales, diré que la pérdida de un amigo, un padre, un hermano o un abuelo toma aproximadamente un año en sanar. Esto no significa que después de 12 meses el dolor se acabó, no; la ausencia duele y esa cicatriz que se forma luego de una herida emocional tan severa siempre será una piel más sensible que la del resto del cuerpo. Pero el primer año es como si hubiera pasado un *tsunami*, lo destruyó todo, fue la devastación, y el segundo año comienza la reconstrucción.

En el caso de la muerte de un hijo, un divorcio o la muerte de una buena pareja, el proceso suele durar dos años y después de ello las cosas van siendo menos difíciles, no más fáciles.

Las adicciones, por su parte, son en sí mismas un cúmulo de pérdidas que pueden durar años en intermitencia de consumo.

En México decimos que el tiempo lo cura todo, pero si se lo dejamos solo al tiempo pueden pasar dos cosas, como con los vinos: si las condiciones son adecuadas (temperatura, posición, embotellado, etcétera) el tiempo hace que un vino se añeje, tome cuerpo y alcance su mejor sabor. Si las condiciones no son favorables y esperamos que el tiempo haga su magia, pues solo obtendremos un vino rancio.

Hay una parte de responsabilidad que debemos asumir frente al duelo: necesito trabajar mi proceso, convertirme en mi mejor amigo y salir fortalecido de este dolor. La decisión primaria que debe tomarse es decir: "Esto no va a acabar conmigo ni con mis ganas de ser feliz". Esa finalmente es nuestra misión en esta vida, ser felices.

- ✔ La felicidad es un precursor del éxito, no su resultado.
- ✔ La felicidad y el optimismo son la gasolina para el desempeño y el logro.
- ✔ Esperar a ser feliz limita el potencial de nuestro cerebro para el éxito.

Un duelo es una batalla que habremos de librar con nosotros mismos y para ello echaremos mano de todos los recursos interiores con los cuales podamos contar. Sobra decir que para eso necesitas comer bien, dormir lo suficiente y estar en forma (hacer ejercicio); sin estos pilares tu estructura para lo que debes enfrentar será muy débil.

Todos los seres sobre la Tierra cuentan con la riqueza del tiempo. El hombre posee 24 horas todos los días. Durante ese periodo puedes llevar a cabo acciones que te traigan felicidad o tristeza. Puede haber engaños, atajos para sentirse bien momentáneamente, como el alcohol y las drogas, pero a la larga esos son caminos que conducen a enfermedades, dolor y sufrimiento para nuestros seres queridos.

Casi todos sabemos la importancia de una alimentación sana y balanceada, lo crucial de hacer ejercicio para mantener nuestra movilidad en la tercera edad, el gran peso que tiene sobre nuestra salud el descanso apropiado... en fin, lo que parece olvidársenos es el uso adecuado del tiempo.

El tiempo no se puede ahorrar ni evitar, solo puede emplearse para bien o para mal.

Tú decides si lo usas para:

1. Asuntos importantes.
2. Asuntos urgentes.
3. Asuntos urgentes e importantes.
4. Asuntos que no son importantes
   ni urgentes.

En la atención a enfermos terminales uno se encuentra con grandes maestros. El estar en esa etapa final de la existencia nos da en ocasiones una claridad muy especial sobre la vida y cómo debió haber sido vivida.

En mi experiencia me he topado con muchas personas que me dicen: "Debí haber trabajado menos y estar más con mi familia" o "Me arrepiento de no haber hecho ese viaje que tanto soñaba mi mamá", y con muy pocas que realmente se arrepienten de lo que hicieron. Pesa más en la recta final de la vida lo que no se hizo, lo que quedó pendiente en el tintero.

Probablemente la jerarquía de tiempo de los cuatro tipos de asuntos antes mencionados nos ayude a poner cada cosa en su sitio y a minimizar esa sensación de que el tiempo se nos ha ido volando y no nos fue suficiente.

Etapas

El transitar por el duelo no es un camino en línea recta, tiene retrocesos, retornos, curvas y giros inesperados, pero sin duda es un recorrido que vale la pena andar sin atajos.

Como solía decir uno de mis maestros: "No hay duelos instantáneos o de microondas, esta maduración es y debe ser a fuego lento". No por masoquistas, sino porque, como dicen los orientales, debemos dejar pasar las cuatro estaciones del año y todas las festividades que cada una de ellas conlleva (Navidad, Día del Amor y la Amistad, Día de las Madres, vacaciones de verano, fiestas patrias, Día de Muertos, etcétera) para saber que hemos sanado desde adentro y no superficialmente.

Es muy dolorosa la primera Navidad sin el ser amado, recordar el día del aniversario de su nacimiento (ya no de su cumpleaños), el primer Día de las Madres sin ella, fecha que antes considerábamos totalmente comercial y que ahora cala hasta los huesos. Pero nadie dice "esta es la decimoquinta Pascua sin mi abuelo". La depresión de aniversario va cediendo conforme pasan los años, pero es importante saber que al acercarse la fecha de la muerte o nacimiento, nos invadirá una especie de nostalgia que no necesariamente tiene que considerarse una regresión en el proceso.

Saber que esto es así nos ayudará a no pensar que hemos recaído en nuestro trabajo de duelo y a tomar las medidas necesarias para evitar fricciones y conflictos con nuestros familiares en esos días tan sensibles.

Son cinco las etapas que deben recorrerse. Se conocen también como las etapas Kübler-Ross, en honor de Elisabeth Kübler-Ross, doctora suiza considerada la madre de la tanatología. Fue una mujer excepcional que hasta el último día de su vida mostró congruencia, temple y profundidad para levantarse, una y otra vez, dentro de un cuerpo que al final ya no le respondía. Ha sido sin duda quien más estudió la muerte y sus procesos. Al principio trabajó con pacientes psiquiátricos, luego con enfermos terminales y después descubrió que las mismas etapas por las que atraviesa un moribundo son las que pasa un familiar o un doliente.

La tanatología empezó a aplicarse para ellos también. Años después se abrió el campo de trabajo a todo tipo de pérdidas, sin olvidar jamás cuál es la función del tanatólogo: formar parte de una ayuda interdisciplinaria junto con:

- Médicos
- Psicólogos
- Trabajadoras sociales

- Sacerdotes, pastores, o guías espirituales
- Familia
- Amigos
- Redes de apoyo

La misión del tanatólogo es expandir la mirada selectiva que tenemos ante lo perdido; es un puente entre la medicina-psicología y el usuario.

El tanatólogo trabaja con pérdidas, pero no está facultado para recetar absolutamente nada. Su intervención es únicamente en crisis y de corta duración, un máximo de 10 sesiones, aunque a veces, cuando se trabaja con enfermos terminales, el momento del *Hola* puede estar siendo ya el mismo de la despedida.

1. La negación

La primera etapa en el proceso del duelo es la negación; es la conmoción inicial ante una noticia impactante. Nuestros sentidos nos defienden y nos bloquean para no creerlo.

Muchas personas comentan que no saben cómo no cayeron fulminadas al recibir esa llamada a mitad de la noche o cómo reaccionaron cuando chocaron o les dieron un diagnóstico grave. Es un blindaje psicológico para que puedas funcionar haciendo a un lado lo que sientes.

En esta etapa nos repetimos: "No puede ser" o "Están equivocados". Para entenderlo bien, recordemos cuando perdemos las llaves. Cuántas veces las buscamos dentro de la bolsa de mano, una y otra vez en el mismo lugar, como si nuestra mente no registrara que claramente no están ahí. De la misma forma, aunque nos parezca extraño, buscamos el rostro de un ser querido que ha fallecido. Siempre que salimos de casa, creemos verlo en el cine o nos parece que muchos usan su tipo de zapatos o gorra. Nuestro corazón busca porque no puede entender que esa persona ya no estará más.

Al principio, este mecanismo de defensa es nuestro mejor aliado para darnos tiempo de asimilar lo que pasó; pero si lo prolongamos, se transforma en nuestro peor enemigo, impidiéndonos avanzar en el proceso. Este duelo detenido puede llegar a ser patológico cuando, al cabo de cuatro o seis meses, seguimos esperando su regreso, un milagro o simplemente nos rehusamos a aceptar nuestras nuevas condiciones de vida.

Aquí tenemos que ser muy cuidadosos, pues en situaciones límite el comportamiento errático es lo normal. Es decir, si una madre ha perdido a su hijo, es perfectamente normal que hable con su fotografía, pase tiempo en su recámara o encienda su televisor en el canal que él acostumbraba ver, para sentir la casa menos silenciosa.

Aunque en nuestra mente sepamos que la persona ya no está con nosotros, la negación nos sorprende porque a nivel emocional no hemos registrado o no queremos registrar esta ausencia. Llegamos a un restaurante y pedimos mesa para cuatro cuando ahora somos tres, o nos detenemos a comprar el queso que tanto le gustaba a nuestra hija, pero ahora ella no está ahí para comerlo. No movemos sus cosas, conservamos su habitación como un mausoleo, con la ilusión de que un día despertemos y todo haya sido una pesadilla. Pero el amanecer nos golpea con fuerza, sí sucedió y tenemos todo un largo día frente a nosotros.

Hay actos que nos sacan de lleno de la negación, como ver o tocar el cadáver, pero aun así puede reaparecer semanas después del suceso doloroso. Definitivamente no puede hablarse de que se ha salido de la negación hasta que, por lo menos, hayan transcurrido los primeros tres meses. Cabe recordar que el transitar del suceso no es un avance en línea recta, puede superarse una etapa, pero por momentos regresar a ella, con menor intensidad.

2. La rabia

Esta es la etapa a la que con mayor frecuencia regresamos. El enojo es contra quien se deje, contra nosotros mismos e incluso contra Dios, en un momento dado. Esto no debe asustarnos, a la larga son estos momentos de crisis los que refrendan nuestra fe. Culturalmente debemos luchar con muchas expresiones que despiertan esta rabia: "Dios se lo llevó porque necesitaba un ángel con él", "Dios sabe por qué hace las cosas", "Ahora ya Dios lo tiene a su lado". Todo esto puede ser cierto, pero en el momento del dolor más agudo ninguna de estas frases te sirve de consuelo, tú quieres a tu familiar a tu lado, contigo, en tu cama, en tu casa y no desde el cielo cuidándote.

Es muy común no darnos permiso de enojarnos con quien se fue, pues decimos: "Cómo voy a estar enojada con ella; pobrecita, ella no quería morir". Pero sentir abandono es natural y aunque no haya sido su culpa el morir o partir, debemos perdonarla por ello.

En esta etapa nos preguntamos: "¿Por qué yo? ¿Por qué a nosotros?". Y no hay respuesta. Más adelante sabremos que en realidad lo que debemos preguntarnos no es *por qué,* sino *para qué* me ha sucedido esto; es decir, ¿qué debo aprender de ello?

Y aprovecho este momento para aclarar que las cosas no suceden para que aprendamos algo, simplemente suceden y es nuestra libre decisión aprender de ellas o no. Es muy culpígeno pensar que esto me ha ocurrido o vuelve a ocurrirme porque no he aprendido alguna lección. La gente suele sentenciarnos con comentarios como: "...y ni así has aprendido" o "...¿y le vas a dar carro a tu segundo hijo también?", después de que hemos sufrido el accidente automovilístico del primero. Es muy cruel y además injusto, porque las cosas en la vida no suceden como premios o castigos; suceden, eso es todo. Debemos dejar de asumir que si algo malo nos ha pasado es porque en el fondo no hemos sido lo suficientemente buenos. Esto no es así, a los buenos les van a pasar cosas malas y buenas, y a los malos también.

Al enojo o rabia hay que darle una salida asertiva. Es como el vapor de una olla de presión: si no lo dejas salir, en un momento dado explota. Hablar ayuda, realizar ejercicio también, pero en cambio el alcohol, el exceso de trabajo o la evasión siempre acaban obteniendo el resultado opuesto al deseado.

El cuerpo no sabe qué hacer con una energía tan negativa como el enojo, acaba somatizándolo para convertirlo en dolor articular, de cabeza crónico o muscular. Estamos diseñados para aguantar el estrés psicológico por un corto plazo; cuando este se prolonga demasiado, el cuerpo nos pasa la factura. Es por eso que, hasta por prevención, es imprescindible soltar el enojo. Es probable que antes de lograrlo intentemos negociar con la vida para lograr "promesas" de invulnerabilidad, esa es la siguiente etapa.

3. La negociación

Esta es la etapa en que queremos cambiar y por eso negociamos para obtener nuevos resultados: "¿Si voy a misa todos los domingos, el cáncer desaparecerá?, ¿si no vuelvo a comer chocolates en la vida, se salvará mi hijo?".

Aquí entran la medicina alternativa, los remedios caseros y a cuanta cosa podamos recurrir en nuestra desesperación. Eso muchas veces nos convierte en víctimas de estafadores y personas con pocos escrúpulos que lucran con el dolor ajeno.

Sin embargo, se vale creer y depositar nuestra fe en lo que nosotros queramos, nadie tiene derecho a decirnos que eso no funcionará o darnos una sentencia final, ni siquiera los médicos. La esperanza es nuestra y nadie puede quitárnosla.

Mientras hay vida, hay esperanza.

La negociación también puede surgir cuando ya ocurrió un deceso en la familia y hacemos muchos cambios en nuestros hábitos de vida, como la alimentación o diversión. Esto es con el fin de negociar con la vida. El diálogo interior es algo parecido a lo que sigue: "Bueno, ya te llevaste a mi mamá, pero ya no me toques a nadie más de la familia, ¿de acuerdo?". Por eso ofrecemos cosas, cambios, promesas; un absoluto toma y daca con el universo.

Esta etapa suele ser la más corta del proceso, cambiamos muy rápidamente nuestros estados mentales y emocionales durante este periodo y no solemos ser pacientes para esperar resultados.

No podemos olvidar que inmediatamente posterior a la pérdida, sea cual sea, viene una franca desorientación: "¿Ahora qué voy a hacer?", "Tengo tanto qué hacer que no sé por dónde empezar". Esto es muy notorio, pero transitorio. Generalmente tenemos personas o responsabilidades que nos atan a la vida y, aunque al principio sea de manera autómata, nos reincorporamos a nuestras actividades y, poco a poco, esta nube de humo que nos impide ver se va despejando, pero da paso a sentir mucha tristeza. Digamos que si, después de nuestros esfuerzos la negociación no resulta como esperábamos, podemos caer sin freno en la siguiente etapa del proceso de duelo.

4. La depresión

Cuando nuestra negociación falla, es muy fácil sumirnos en una depresión, que no es otra cosa sino la rabia o el enojo vuelto hacia nosotros mismos. Esta depresión es de tipo reactivo, es decir, reaccionas con depresión porque has perdido algo. Mi mejor manera de describirla en términos sencillos y no médicos es la siguiente:

Es un desequilibrio en los componentes químicos y psíquicos que mantienen uniforme nuestro estado de ánimo y nuestra energía vital en movimiento. Puede provenir de una tendencia familiar a reaccionar de esta manera ante crisis o melancolías, o bien es la incapacidad emocional de enfrentar una situación en la vida. Se siente impotencia. Siempre es multicausal.

Su síntoma característico es una tristeza profunda, a veces maquillada de felicidad. Hay ruptura de patrones y ataduras sociales, cansancio, falta de entusiasmo real, alteraciones en el sueño y los hábitos alimenticios, además de una incapacidad de entregarse con plenitud a una relación sexual.

Su evolución se va dando paulatinamente, hasta llegar a un punto donde asumimos la responsabilidad de lo que nos sucede y sentimos, y entonces ya se está habilitado para salir de ella desobedeciendo el miedo o solo sentimos culpa y nos hundimos cada vez más.

El tiempo para salir de una depresión es casi proporcional al tiempo que se estuvo en ella. No hay soluciones rápidas, a pesar de la presión social para sobreponerse. Este es un factor importante de entender para tomar las riendas de la recuperación.

El mejor medicamento es alguien que nos escuche, que le importe y se comprometa. No alguien que se enganche y sufra con nosotros, sino que nos acompañe en el proceso.

En algunos casos, cuando el desequilibrio químico sea muy severo, se deberá recurrir a antidepresivos, pero siempre recetados por un psiquiatra. Me parece fundamental recalcar este punto, pues hoy en día es común escuchar que el ginecólogo, el psicólogo o hasta un amigo médico recomienden antidepresivos. Es indispensable conocer el funcionamiento del sistema nervioso central para medicar a alguien, ya que son drogas de uso muy delicado, no solo por la dependencia química o emocional que pueda desarrollarse con ellas, sino porque el suspenderlas de manera repentina y sin supervisión puede ocasionar un desequilibrio mayor que lleve a episodios psicóticos o intentos de suicidio.

En general, debemos confiar en la fuerza de nuestro organismo para sanarse a sí mismo, pues los antidepresivos maquillan los síntomas que tenemos, pero no los curan. Además, el consumo de estos fármacos debe ir acompañado siempre de una terapia de supervisión y un trabajo integral por parte del paciente.

Tener una depresión significa traer puestos unos lentes oscuros que no te permiten ver nada con claridad. La sensación de esos malos tiempos es que crees que nunca van a acabar y todo lo vives con desesperanza y desaliento.

Un tanatólogo no debe aceptar como paciente a alguien que tome ansiolíticos, relajantes o antidepresivos, pues eso lo convierte automáticamente en un paciente psiquiátrico. Si tiene dopadas las emociones, ¿cómo podremos trabajar con ellas?

Es importante ponerle más filosofía de vida a nuestros días que medicamentos que ofrezcan soluciones rápidas. Usarlos, en ocasiones, equivale a colocarse una bandita para frenar una hemorragia.

Toma tiempo y mucho trabajo responsable, pero finalmente podemos llegar a la quinta y última etapa del duelo, el punto donde no hay regreso, donde al fin recuperamos la paz interior que nos había sido arrebatada por un suceso doloroso.

Algunos creen que ya la han conseguido, porque se asumen como prácticos y quieren que así sea, pero la verdad es que lograrla lleva un tiempo de maduración.

5. La aceptación

Finalmente entendemos que la pérdida es irreversible y la aceptamos. Aquí ya no nos preguntamos nada, simplemente decimos: "Sea".

La aceptación no es lo mismo que una resignación de brazos cruzados. Implica tener los brazos abiertos, analizar las opciones para seguir adelante. Es una postura activa ante lo ocurrido y lo que está por venir.

No quiere decir que te agrade lo que pasó o te parezca justo, es simplemente dimensionar la magnitud de la pérdida y decidir voltear a ver las puertas que ahora se abren ante nosotros, en lugar de quedarnos viendo la que se cerró.

Cuesta mucho trabajo llegar a la verdadera aceptación: toma tiempo y esfuerzo. Regresamos muchas veces al enojo o hasta la negación porque es doloroso ver la realidad como es y no como quisiéramos que fuera. Este es el origen del sufrimiento.

La ausencia duele y esa es sin duda la parte más difícil.

Llegar aquí significa no quedarme resentido, no seguir cargando un equipaje muy pesado lleno de nostalgias y dolor, sino haber soltado el *hubiera* y el *si no hubiera*, dejar de jugar con las probabilidades y de pelearme con el concepto de *destino*.

Aceptación es tener actitud para seguir adelante, a pesar de lo que sea, y probablemente haber reconocido en el camino regalos como la amistad, el amor y la esperanza, que suelen entregarnos en momentos difíciles y a veces de quien menos lo esperamos; obsequios que se nos presentan con una envoltura muy extraña y un contenido muy hermoso.

Aceptación es ampliar nuestra mirada, que al principio solo se concentraba en lo que perdimos y no en lo que aún tenemos; es ponernos metas nuevas, sanar y recuperarnos.

Que empecemos a sentir más **nuestra** vida que **su** muerte no significa que las lágrimas se acabaron, que ya no nos hace falta, al contrario. Las lágrimas nunca son señal de que estamos mal, son signos de nuestra afectividad y emociones. Llorar está bien porque limpia el alma y porque finalmente hay dos maneras de llorar: una hacia afuera que me reconforta y desahoga, y otra hacia adentro, seca, que solamente me enferma.

*Un día descubres que pudiste quitar el botón de
pausa, que la vida te mueve, que sonríes de nuevo
y que esa sonrisa no es ninguna traición;
por el contrario, es otra manifestación de la paz
que sientes. Los reflectores están puestos sobre ti
otra vez, te guste o no lo que ahí veas.*

Manifestaciones más comunes del duelo

- Tristeza profunda (a veces maquillada de euforia).
- Ruptura de patrones y ataduras sociales.
- Cansancio (pérdida de energía e interés).
- Falta de entusiasmo real.
- Alteraciones en el sueño y la alimentación.
- Enfermedad física recurrente o debilitamiento general.
- Baja concentración.

Señales de alerta

- Apatía total.
- Ideación suicida acompañada de planes para realizarla.
- Falta de atención a tu persona.
- Negligencia en el cuidado de personas que dependan de ti.
- Regalar mascotas, pertenencias y desatender ocupaciones.

Qué NO hacer

Cuando visites a alguien doliente o enfermo no te quedes demasiado rato. Una visita corta y alegre es mucho más significativa que dos horas de lamentaciones y miradas tristes.

Procura que la plática gire en torno a cosas importantes, no a trivialidades. Piensa que el mundo de esa persona que hoy asistes ha sido trastocado y trátalo con respeto.

No le tengas lástima a alguien que está pasando por un momento difícil. La lástima inhabilita. Creemos que no cuenta con lo necesario para salir adelante. Seamos empáticos, pero no menospreciemos su capacidad para resolver y aceptar sus sentimientos.

No mientas ni minimices las cosas, eso no hace sentir bien a alguien, al contrario, le enoja ver que se trata banalmente algo que para ella o él está cambiando su mundo. Decirle a alguien "Todo va a estar bien" es demasiado amplio y nos recuerda la paletita de dulce en el consultorio pediátrico.

No trates de convencerlo con argumentos lógicos para que no sufra, el dolor no tiene estructura de pensamiento y eso, al igual que adoctrinar, moralizar o criticar, son solo barreras para una comunicación asertiva.

No tomes decisiones por la persona. Es muy común que los familiares o amigos decidan que es mejor que no vea el cadáver de la persona o que se le administre un tranquilizante al doliente. Pregúntale, no decidas por él o ella y menos en algo tan importante como la oportunidad de despedirse de su ser querido.

Respeta las decisiones y cambios de ánimo de la persona; invítala a posponer los grandes cambios durante el periodo de duelo, pero no pases por encima de sus deseos. Todas las emociones y sentimientos son válidos, pero no todas las acciones deben serlo. Por ejemplo, si un niño nos dice: "Me cae gordo mi tío Raúl", no traten de negarlo diciéndole: "No te cae gordo mi hijito, lo que pasa es que estás cansado". Al cabo del tiempo, ni el mismo niño confiará en lo que siente, de tanto que le hemos interpretado sus emociones. Ahora bien, lo que no debemos permitirle es que porque alguien le caiga mal, entonces lo empuje o le haga groserías.

No hablen de las personas como si ellas no estuvieran ahí presentes, eso sucede mucho con los enfermos en los hospitales. Ellos son los protagonistas de esta historia, no los hagan a un lado o actúen como si ya hubieran muerto. Darle calidad de vida y muerte a alguien es tratarlo como vivo hasta el último segundo de su existencia.

Finalmente, no se alejen del enfermo, tóquenlo, quiéranlo, pasen tiempo a su lado y vean más allá de cualquier cambio físico que pudiera estar experimentando. Las enfermedades a veces son como la adolescencia y hay que saber ver a través de ellas. Debajo de esa máscara de "fealdad, malos modos y desarreglo" se encuentra nuestro niño amado, el de siempre.

Si el enfermo o doliente eres tú mismo, las recomendaciones son:

- No automedicarte.
- No minimizar las cosas.
- No aislarte.
- No incorporarte a grupos que rindan culto a la depresión.
- No cortar la comunicación y lazos con tu probable red de apoyo.
- No encerrarte en ti mismo.
- No lastimarte o procurarte dolor físico para evadir el sufrimiento emocional.

Qué NO decir

Nunca debes decirle a un enfermo, deprimido o doliente: "Échale ganas", porque lo recibe como agresión y como señal de que la gente no valora ni percibe lo mucho que se está esforzando.

No debemos presionar a alguien para que deje de llorar, pues el llanto es sanación y literalmente nos limpia de sentimientos atorados. De ninguna manera debemos apresurarlo para que se deshaga de la ropa o pertenencias de alguien que murió. Todo debe llegar a su tiempo.

Es de suma importancia no minimizar la pérdida diciéndole a alguien: "Piensa que tienes otros hijos", o cualquier frase que trate de dirigir su atención a lo que tiene y no a lo que perdió.

No es recomendable cambiar el tema cuando por alguna razón pasa algo o se dice algo que nos recuerde a la persona que ya no está con nosotros; eso crea tensión, y alguien a quien amamos no debe volverse un tema tabú.

No debemos decir: "Todo va a estar bien", aunque tengamos muchas ganas de que así sea; no estamos seguros de que esto sucederá, entonces no debemos prometer lo que no está en nuestra mano cumplir.

Evita el "Dios sabe lo que hace". Esto solo genera más enojo en quien lo escucha, ya que es parte de su proceso rebelarse ante lo que está ocurriendo. Se entiende que quien lo dice busca algo positivo en la muerte, pero en ese momento no es posible que el doliente lo comprenda.

Decirle a alguien: "Sé cómo te sientes" es una vil mentira, no lo sabemos, lo suponemos, porque la experiencia de duelo es única e irrepetible en cada persona. Cada quien lo construye, lo vive y sale de él como puede.

Finalmente, no trates de adornar una realidad que es difícil con frases trilladas y lugares comunes. No digas: "Ya sabes, lo que se te ofrezca, aquí me tienes", porque luego no podemos cumplirlo y se queda en un sonido de campana rota. Si puedes hacer algo práctico o emocional por la persona, hazlo, no esperes a que te lo pida. Llevarle comida, invitar a sus hijos pequeños al cine, acompañarlo en trámites son cosas que siempre caen bien y se agradecen.

Tampoco exageres el dolor. A veces el doliente acaba consolando a los asistentes al funeral porque pareciera que hay quien trata de disputarle el papel protagónico del sufrimiento.

No le digas nada si no sabes qué decir, solo abraza a tu ser querido, haz presencia, tócalo y no trates a toda costa de liberarlo de ese dolor. Recordemos que este siempre tiene un sentido y aunque queramos evitárselo a alguien debemos confiar en que podrá con lo que sea que le pase.

Lo que Sí ayuda

Lo que verdaderamente ayuda en el duelo es llorar, hablar con un amigo y compartir nuestros estados de ánimo, consolar y que nos consuelen, no quedarnos en el dolor.

Algo que sin duda genera empatía, el intento de compartir emociones y aceptación, es conversar con otros que han tenido una pérdida similar a la nuestra (grupos de autoayuda). Es un mito pensar que estos grupos son para personas débiles o que resultan muy deprimentes; bien manejados pueden ser una red de apoyo fundamental.

Debemos reconocer la pérdida, admitirla y entenderla dentro de lo posible, ya que en determinadas muertes, como el suicidio, hay piezas del rompecabezas que nunca llegaremos a tener.

Algo fundamental es cultivar el afecto y amor mutuo. Los abrazos, caricias y besos de una pareja siempre deben ser bienvenidos y nunca entenderlos como superficiales o banales ante el dolor que se vive. Tampoco debemos sentir culpa por estar vivos y disfrutar de ciertos placeres que la vida nos ofrece.

La terapia narrativa es muy útil en los casos de pérdida; escribir lo que se siente o expresarlo con oraciones, música o arte, crea una catarsis de nuestros sentimientos.

Debemos admitir nuestras limitaciones y no juzgar el futuro desde nuestro momento actual, donde todo se ve negro, pues no es un presagio de cómo será todo a partir de ahora.

Ayuda ser paciente con uno mismo, entender que el dolor dura más de lo que la gente cree que debería durar.

El que familiares o amigos se hagan cargo de quehaceres domésticos o de pasear a los hijos pequeños ayuda mucho al doliente a darse espacio para sentir. Es de vital importancia prestar atención a los niños y entender que nadie en la familia vuelve a ser el mismo después de una pérdida.

Sirve entender los sentimientos de toda la familia, respetar su dolor y eximir a sus integrantes de tomar responsabilidades nuevas o cambios mayores en su vida (cambios de escuela, radicar fuera del país, terminar una relación, etcétera).

Si llegamos a entender que no podemos controlar la vida y hacemos del tiempo nuestro aliado, estaremos frente a un excelente pronóstico de sanación.

El caso de María

Vuelta al consultorio del séptimo piso por décima vez. Estoy cansada. Nadie parece escucharme y mis gritos son cada vez más inaudibles. Hemos intentado tres inseminaciones, estoy que reviento de hormonas y consejos, y me invade una enorme tristeza.

Carlos y yo teníamos cinco años intentando tener hijos, una sola vez quedé embarazada, pero lo perdí antes de cumplir los dos meses. Dijeron que fue un embarazo sin embrión, pero para nosotros fue como perder a un hijo. Es horrible escuchar que se expresen de él como el producto que no se formó. Hay una deshumanización total dentro de esta búsqueda por la maternidad asistida. Qué bueno que existen los médicos, pero podrían vernos como Carlos y María, no como el caso de la señora de las mil inseminaciones a la que ya se le están acabando las posibilidades. Sé que esto no va a funcionar, trato de comunicárselos, pero los expertos son ellos y hay que seguir un protocolo.

Carlos ha sido increíble, ha cedido en todo, falta a la oficina por acompañarme a mis citas, está preocupado por el dinero, pero no me dice nada. Bueno, solo anoche que nos tocaba hacer el amor, me dijo: "Sabes qué: nunca creí decirlo pero me siento usado, no amado. Como un semental". Me rompió el alma o no sé si ya la tenía yo rota y por eso no me había dado cuenta de que nuestro amor se ha vuelto una cuestión de tiempos y calendarios preestablecidos. Lo

53

extraño a él y me extraño a mí misma pero, a pesar de todo, quiero ser mamá.

Así como en este caso, en muchas ocasiones, ante la búsqueda de un deseo o una ilusión, empezamos a descuidar nuestras realidades, llámense pareja o trabajo. Parte de la misión de un tanatólogo es expandir el panorama que suele tener una persona en duelo: sólo ve lo que perdió o lo que no tiene y deja de ver todo lo que sí tiene y la rodea. Nuestros afanes deben tener un límite, luchemos por ellos, pero si después de mucho batallar no lo logramos, tendremos que sustituir esa ilusión por otra, que si bien no será igual también puede nutrir nuestra alma.

Déjame que te preste mis ojos para que te veas
y veas las cosas a través de ellos,
y no con los lentes oscuros que ahora
tú traes puestos.
Vamos juntos en la lancha, tú remas
y yo te alumbro el camino.

¿Qué me dejó este capítulo?

_____

_____

_____

_____

_____

_____

_____

_____

_____

_____

_____

_____

_____

Encuentros y desencuentros

_____

_____

_____

_____

_____

_____

_____

_____

_____

_____

_____

_____

_____

Aprendizajes significativos

_____
_____
_____
_____
_____
_____
_____
_____
_____
_____
_____

Tareas por realizar

_____
_____
_____
_____
_____
_____
_____
_____
_____
_____
_____
_____

II
La muerte y los niños

México, cultura no didáctica de la muerte

Premisa básica: si los niños detectan que estamos mintiendo, ocultando la verdad, dulcificando las cosas o evadiendo el tema, buscarán respuestas en otro lado. Nunca más confiarán en nosotros. Ellos suelen ser muy simples respecto de este tema, pero culturalmente los excluimos y sobreprotegemos de todo lo relacionado con un deceso, enfermedad, discapacidad o adicción en la familia.

También existen mitos y preconcepciones en relación con la muerte y los pequeños tienden a pensar en ella como la "Calaca" que viene a llevárselos. Lejos estamos de educarlos en la costumbre de ver a la muerte como un proceso natural, llegue a la edad que llegue, y no como un suceso trágico.

¿Solemos hablar de destino o de desgracia? ¿Hacemos bien con eso? ¿Realmente los estamos protegiendo o evitando que el manejo de pequeñas pérdidas los prepare para pérdidas mayores?

Debemos acompañarlos en este proceso guiándolos con una sonrisa empática y el reconocimiento de sus sentimientos.

La propia muerte es la pérdida más significativa que alguien pueda sufrir. Antes de enfrentarla generalmente pasamos por pérdidas menos fuertes y luego por otras más dolorosas que nos van preparando para los momentos duros de la vida. Sin embargo, en México, los adultos solemos excluir a los niños de todo lo relacionado con la muerte, los rituales que según nuestra religión llevemos a cabo, el duelo y las lágrimas mismas. Esto es un error.

Al momento de sobrevenir un deceso en la familia, lo primero que los adultos hacemos con los niños es pedirle a la otra familia que se encargue de ellos, llevándolos a la escuela y a sus clases especiales, y que su vida siga lo más normal posible. Sin embargo, ya nada es normal ni será como antes. Puede y será bueno, pero nunca igual. Sobre todo si estamos hablando de la pérdida de un padre o un hermano.

Después se platica con ellos y aunque nos vean llorar, les pedimos que ellos no lo hagan. Nos sienten tristes, pero les negamos nuestros sentimientos bloqueando así la expresión de los suyos. Esto también es un error, pues el mensaje que mandamos, al expresar nuestros sentimientos frente a ellos, es:

Se vale llorar, y eso es algo fundamental que debe aprenderse en la vida.

Les inventamos ideas románticas acerca de lugares y futuras promesas que no conocemos en realidad. Con ello no me cierro a la idea de hablarles de un cielo o una vida eterna. Simplemente, además de transmitirles estas ideas de eternidad, debemos responder sus dudas del momento, si no, no estamos educando en el tema de la muerte.

Incluirlos en el suceso y los funerales

Los expertos recomiendan notificar a los niños del deceso lo antes posible, decirles qué es lo que vamos a hacer y preguntarles si quieren o no asistir al funeral. Ellos se dan cuenta de que algo está pasando, algo grave, y si no les explicamos qué es, por un pensamiento omnipotente, empiezan a creer que ellos son los culpables de lo que sucede y de las lágrimas que ven.

Muchas veces las muertes ocurren sin que los niños hayan tenido oportunidad de despedirse, de cerrar el círculo de la relación que tenían con esa persona y quieren verla por última vez. Sé que esto puede sonar muy a contracultura para muchos, pero el ver el cuerpo dentro de una caja, lejos de traumar o angustiar a los pequeños, algunas veces los tranquiliza, pues ven al ser querido en paz, con expresión tranquila; y si lo vieron sufrir una larga enfermedad, se dan cuenta de que en la muerte ya no hay dolor físico.

El padre de Martín

Era un chico de 12 años quien había vivido los dos últimos años el cáncer de su padre, viéndolo con terribles dolores en las rodillas y siendo él quien siempre se encargaba de llevarle el cojín eléctrico para que el calor aliviara un poco su malestar. Frente al ataúd de su padre y al verlo al fin libre de tal sufrimiento, le comentó a su madre: "Mamá, mi papá ya no va a necesitar de su cojín eléctrico, ¿verdad?".

Ver el cuerpo de alguien en un ataúd nos mete de lleno en la realidad. Es fuerte, pero ahorra tiempo de incredulidad ante lo ocurrido. Esto debe ser únicamente si el niño o la niña lo desean; jamás forzarlos a ello.

Otra consideración importante: debemos tener mucho cuidado de no decirles que está dormidito, pero que ya no va a despertar jamás. La muerte y el sueño son dos estados muy diferentes y esta confusión hace que los niños sientan terror de irse a la cama, pues tienen miedo de quedarse dormidos para siempre ellos también o sus demás seres queridos.

Los trastornos en los hábitos de sueño son una de las manifestaciones más comunes de un duelo no resuelto en los niños. Lo ideal es explicarles que sí, en efecto, parece dormido, pero que no lo está, que ese es solo su cuerpo que ya no utiliza ahora, pues se ha transformado en pura energía que ya no está ahí. Como la imagen de un abrigo que se guarda después del invierno, pues ya no va a usarse en verano. Lo que vemos ahí dentro del féretro no es la persona en sí, es solo su materia imperfecta que ya no necesita más; un cuerpo que amamos y que por ello damos un trato digno. Sin embargo, existe una llama o una energía interior que no se queda atrapada en ningún tipo de caja.

Quiero en este libro respetar todos los credos y religiones. Por ello no ahondaré en ideas del cielo, la vida eterna o la reencarnación. Sea cual sea nuestra inclinación religiosa, lo importante es que los niños crean en algo y sepan que la muerte, de alguna manera, no es el fin absoluto. Para ello es necesario que como adultos revisemos nuestras ideas y mitos en torno a la muerte. No podemos transmitir sinceridad ni hablar de paz cuando la muerte nos aterra; pero al ser responsables de lo que sobre ese tema sembramos en los pequeños, aceptamos la invitación de la vida a reflexionar y tomar una postura de mayor aceptación ante sus procesos naturales.

Se recomienda que los niños solo asistan a los funerales de su parientes o amigos más cercanos, para no exponerlos a escenas de desgarre o dolor descontrolado que son lo que deja una huella en mármol en su mente. Más que el velorio en sí, lo que ahí se vive o se vibra permanece en su mente y crea una escena fundante respecto a la muerte.

Después del velorio los niños oirán hablar de entierro o cremación y bien valdría la pena explicar esos términos, para no dejar volar su fantasía. Recordemos que entre más información demos, menos dejamos abierta la puerta a la imaginación. La certidumbre da esperanza, la duda genera miedo.

A continuación se ofrecen unas definiciones de utilidad, claras y sencillas, para explicar esos términos a los niños:

Funeraria. Es un lugar donde llevan a la persona que murió para que sus seres queridos puedan llegar a decirle adiós y consolar a quienes lo necesiten.

Cementerio. Ahí se deja el cuerpo de la persona que murió para que exista un lugar que puedan visitar los familiares y llevarle flores en señal de recuerdo y respeto porque la extrañan.

Ataúd. Es una gran caja de madera o metálica que sirve de estuche para guardar el cuerpo que perteneció a la persona muerta y que ahora ya no necesita.

Cremación. Es un proceso por el cual un cuerpo se convierte en cenizas para que pueda caber en una urna. No confundir con incinerar, pues se incinera la basura y se crema un cuerpo.

Pésame. Consiste en decirle a una persona que sientes por lo que está pasando y que estás ahí con ella para ayudarle en lo que necesite.

Muerte. Fin de la vida como la conocemos. Cese de todas las funciones vitales, como la respiración y la digestión.

Alma o espíritu. Es como una mariposa que sale de su capullo, es libre y vivirá por siempre. Es nuestra esencia, lo que hemos aprendido y quien realmente somos.

Asistir a los rezos, misas o reuniones posteriores, como es tradición en nuestro país, ayuda a los pequeños a sentirse acompañados, a recibir el cariño y las muestras de afecto de los familiares y amigos, pero también es normal que los niños se sientan confundidos y se muestren tímidos. El recibir tanta atención los puede hacer sentir incómodos. No los obliguen a asistir, hagan turnos para quedarse con ellos y que en ningún momento permanezcan solos o se sientan excluidos. Ellos deben decidir si quieren acudir o no.

No es cruel llevar a un niño a presenciar el dolor que la ausencia de un ser querido ocasiona en los demás, es simplemente enfrentarlo a las realidades de la vida. Todos los rituales relacionados con la muerte tienen como fin consolar a los dolientes, darles apoyo social y una estructura en esas primeras horas cuando es tan fácil desmoronarse. Las misas, rezos y demás son para los vivos, los muertos ya están bien y lloremos o no, no detendremos su camino.

Ojalá que la comunicación con nuestros hijos sea siempre abierta y de ida y vuelta, pero si no lo es, la muerte de algún familiar es el momento oportuno para acercarse y abrir las vías de interacción.

Pregúntele con frecuencia cómo se siente y cuéntele con veracidad cómo se siente usted. Equivocadamente pensamos que si nos ven llorar es peor y muchas veces nuestras lágrimas le abren al niño o niña la oportunidad de llorar, y al compartirle nuestra tristeza le otorgamos el permiso necesario para externar la suya.

Aunque nos parezca obvio, debemos recordarles constantemente que nuestra tristeza o llanto no es a causa de ellos, ya que dentro del mundo de los niños y su egocentrismo sienten que todo lo que pasa a su alrededor es gracias a ellos o, por el contrario, es su culpa.

Toda muerte o pérdida es una herida y necesita tiempo para sanar; asimismo se requieren muchos cuidados, ternura y atenciones a nivel físico y emocional. La mayoría de las personas quieren a toda prisa volver a la "Normalidad"; sin embargo, todo proceso toma su tiempo y acelerarlo o negar los sentimientos que irán surgiendo en él solo retrasan las tan esperadas aceptación y paz.

La edad del niño o la niña es un factor fundamental para hablar con él o ella y explicarle lo que pasa. En cuestiones tanatológicas, a partir de los 14 años ya podemos hablarles como si se tratara de un adulto, pero antes de eso únicamente responderemos a sus preguntas y las respuestas deberán ser a su nivel de entendimiento.

NO se trata de darles largas explicaciones o cansados sermones al respecto. Lo último que los niños necesitan es un manual de cómo deben sentirse y la manera correcta de actuar; por el contrario, debemos otorgarles libertad de expresión dentro de los sanos límites de comportamiento. Así, estas manifestaciones serán siempre bienvenidas.

El enojo que los niños también sentirán debe ser expresado, pero es nuestro deber, como adultos y guías de los pequeños, canalizar esa rabia hacia actividades productivas, deportes o simplemente en creaciones artísticas que no lastimen a nadie y mucho menos a ellos mismos. Tratar de bloquear esa frustración y enojo solo crea el efecto de una olla de presión y, tarde o temprano, la explosión será mucho mayor.

Primeras pérdidas: la mascota

Cerca de los tres años comienza la edad de tener una mascota y nuestra primera oportunidad de manejar el tema de la muerte.

De niños, todos tuvimos una tortuga, un pollito o un perrito; al morir este, los padres generalmente buscan otro con el cual reemplazarlo, evitan hablar del hecho, lo esconden e inventan historias fantásticas de cómo ese animalito voló con su familia o decidió irse a vivir aventuras. La verdad es que es un hecho que nos afecta más a los adultos que a los pequeños mismos, pues nos confronta con la realidad de lo poco que sabemos acerca de la muerte y lo mal equipados que estamos para hablar de ella.

El trato natural y veraz de estos temas es siempre el mejor camino. La muerte de una mascota es la oportunidad para establecer una escena fundante de la muerte. Esta es la primera vez que el niño o niña ve a un ser inerte, y eso nos da espacio para hablar de que el soplo de vida ya no se encuentra en el cuerpecito frío y sin movimiento que tiene frente a él. No debe hacerse una tragedia al respecto, sino decirles que su ciclo de vida terminó y que la muerte es un suceso natural como parte de ese ciclo. Películas como *El rey león*, de Disney, por ejemplo, nos ayudan a explicarles qué significan las cadenas alimenticias y los ciclos de vida.

Asimismo, debe dársele una sepultura o cremar a esta mascota, despedirse de ella agradeciendo todo lo feliz que nos hizo y su fiel compañía, y además pedirle perdón si alguna vez nos portamos mal con ella.

En algunos casos, este es el primer duelo en forma en la vida de un niño; enseñarlo a agradecer y pedir perdón, y a la vez a perdonar, es instruirlo para cerrar círculos y capacitarlo para seguir adelante con su vida. Esto no significa que el pequeño no vaya a sufrir o que le impidamos llorar y expresar su dolor.

En la vida a los niños no los protegemos de querer y expresar alegría. Por ejemplo, si tu hijo va a una fiesta infantil, no le pides que por favor no se divierta mucho, juegue con moderación o no participe de los juegos. Al contrario, le ofreces lo que hay y le pides que se divierta. Pues lo bueno y lo malo de la vida vienen juntos, en paquete, y así como les permitimos disfrutar de lo primero, también debemos acompañarlos a que crezcan con el dolor y sepan que tienen lo necesario para salir adelante.

"No llores", solemos decir cuando en verdad la frase debiera ser: "Llora todo lo que necesites, yo estaré a tu lado y no te sentirás solo". Cuando le pedimos a alguien que no llore no significa que llorar le haga daño, quiere decir que nosotros no sabemos qué hacer con sus lágrimas.

Recordemos que la actitud ante la vida en esta etapa de la infancia temprana es siempre optimista. Podemos, en efecto, regalarles otro perrito que no se llamará igual y será único e importante como el otro lo fue, pero debemos dejar pasar un tiempo.

Los niños absorben como esponjas todo lo nuevo que ocurre en sus vidas y estableciendo esta escena básica quedará grabado también lo que en tanatología se conoce como *el mito fundante*, que es la primera vez que el niño oye hablar de muerte. Sabe de su existencia y ahí mismo se cincela en piedra si a la muerte la rodea el miedo, el terror o la aceptación.

Claro que a la alegría constante de estos pequeños también le acompañan episodios de enojo y desesperación. Lo ideal es dejarlos expresar ese enojo y hablar todas las veces que ellos lo necesiten sobre el tema. Nada de: "Ya pasó, mi hijito, ya no hablemos de eso", como si con evadirlo desapareciera, cuando en realidad ocurre todo lo contrario.

La mascota de Eduardo

El día de la despedida de mi Guetti fue de lo más difícil, pues quería decirle muchas cosas y sentía que aún tenía mucho por hacer con ella. Sin embargo "dormirla" fue la mejor decisión. Hoy por hoy sigo pensando que lo fue porque ella ya estaba sufriendo mucho y nadie debería soportar ese estilo de vida donde hacía las cosas más por nosotros que por gusto a la vida misma.

Escojo recordarla cuando corría, era alegre y yo le daba de comer a escondidas cosas que le encantaban. Sin embargo también pienso en su muerte. Todo es parte de su paso por mi vida.

Un perro, un gato, un caballo o cualquier otro animal puede convertirse para un adulto en un motor de su vida, su compañía, su *para qué* levantarse de la cama, su responsabilidad y la fidelidad absoluta. Los lazos entre un ser humano y una mascota pueden alcanzar niveles difíciles de comprender para quien no siente afecto por los animales o los considera como cosas o simples pertenencias sustituibles. La enfermedad de quien nos ha acompañado y dado momentos de alegría es muy dura, no se le puede hacer entrar en razón y los instintos básicos del animal lo hacen empezar a actuar muy distinto al ser con quien estamos acostumbrados a convivir. Además de la muerte natural, existen también muertes violentas, envenenamientos, extravíos, todas ellas situaciones muy dolorosas.

Debemos darnos tiempo para elaborar el duelo de esta pérdida; la no presencia cala hasta los huesos y es muy inhabilitante, pues sucede bajo nuestro mismo techo. Cohabitamos con el dolor a cada instante. El tiempo, honrar su memoria, respetar el lugar que ocupó en nuestra familia, donar sus cosas y mantener imágenes mentales o impresas de sus momentos más felices nos ayudarán a sobrellevar este hueco en el alma.

Pero, por favor, no le regalen enseguida otro cachorrito o gatito a quien acaba de perder a su amigo más querido y fiel. Denle tiempo, respeten su dolor, permitiéndole que cuando esté listo, él o ella misma escoja a su nuevo mejor amigo.

Ahora, hablemos un poco de los procesos cognitivos y de desarrollo por los que pasan los niños según la edad en la que se encuentran.

Abordar el tema según su edad y responder preguntas

De 1 a 4 años:

Esta es sin duda una de las etapas más tiernas e inolvidables en la vida de una persona. La búsqueda principal es la independencia, ya que va a comenzar con el desplazamiento y cada vez se podrá alejar más de sus padres y explorar y descubrir el mundo.

En los dos primeros años de esta etapa, que Jean Piaget denominaba *sensomotora*, la pérdida de un ser querido no daña tanto a los niños, pues para ellos no existe lo que no entra en sus sentidos y como no lo ven no les hace falta. El daño viene después, con los años y la necesidad que siempre tendrá del apoyo y consejo de esa persona significativa. También hay daño en el cambio de actitud de todos hacia él; la desatención o los cuidados en exceso que no se hubieran dado sin la muerte de esa persona van determinando qué temperamento y qué debilidades tendrá ese pequeño. En esta primera etapa existe poca comprensión de la muerte. A los ocho meses pasan por un periodo de angustia de separación, pero la permanencia del objeto (mamá en este caso) les va haciendo superar ese momento.

En su búsqueda por pertenecer al mundo de los adultos, los niños muchas veces imitan las actitudes de los grandes. Así pues, bien valdría la pena sumergirnos en nuestro pasado para identificar cuál fue nuestra propia escena y mito, repasar cómo lo vivimos y cómo ahora, con conocimientos y madurez, podemos cambiar nuestra postura ante la muerte.

Los celos son muy comunes en esta etapa de la vida, hay un enamoramiento de mamá si se es niño y de papá si se es niña. Estos complejos de Edipo y Electra, según la teoría psicoanalítica, los lleva muchas veces a desear que su padre o madre desaparezcan para ellos ocupar su lugar en la pareja. Esto es parte normal del desarrollo y es conocido como identificación con el mismo sexo y apego al sexo opuesto.

Si en este proceso de desarrollo emocional y afectivo sobreviniera la muerte de uno de los padres, habría que manejar la culpa en estos pequeños, pues dentro de su omnipotencia imaginaria creen que si su padre falta es porque ellos lo provocaron. Claro que no tienen la capacidad de lenguaje y pensamiento para expresarlo como tal, pero nosotros como adultos debemos confrontarlos con esto, poner sus sensaciones en palabras y aclararles que no hay culpables, es parte de la vida, y si el deceso fue por una enfermedad, explicarles a su nivel cómo el cuerpo de esta persona querida se enfermó y debilitó, y por ende murió, no a causa del deseo de nadie.

Parece mentira que esta misma explicación deba llevarse a cabo, en otro nivel desde luego, con los adolescentes, que al perder a su padre o madre en esta etapa de la vida, donde hay tanta rebeldía y enojo hacia las autoridades familiares, sienten una enorme culpa por sus deseos acallados de que sus padres los dejaran en paz de una vez por todas.

Cerca de los cuatro años, comienzan las pesadillas más elaboradas y vuelven los terrores nocturnos que llegaron a presentarse de más pequeños. Una actitud abierta y límites claros permiten al niño un desarrollo adecuado.

Si esta etapa coincide con la muerte de un hermano o un padre, no es momento de cambiar hábitos de sueño y mandar al pequeño a dormir en la cama de los padres o en la misma que otro hermano. Es tiempo de reforzar que su casa es un lugar seguro y no hay por qué temer. Recordemos aquí lo que se expuso en la introducción acerca de no decirles a los niños que la muerte es como dormir, porque lógicamente el miedo a cerrar los ojos se vuelve mucho más intenso.

Los libros nos ayudan mucho en este momento, pues los niños sienten fascinación por las figuras grandes y coloridas, y las pequeñas historias que semejen en algo a su vida cotidiana.

Existen libros de cuentos que hablan sobre qué pasa cuando se muere alguien que queremos. Lo relevante aquí es la empatía que el chico pueda sentir con el personaje de la historia y ver qué salida le dio él a sus emociones.

Cabe mencionar que si alguno de los padres se ha llevado al pequeño a dormir a su cama es también porque el mismo adulto no quiere enfrentar lo doloroso de un lado vacío de la cama. Si ya lo han hecho, no se preocupen, empiecen paulatinamente a regresar al niño o niña a su cama, primero los fines de semana, luego desde el viernes y así, poco a poco, hasta que dormir en el lecho paterno se convierta en lo extraordinario y no en la norma.

Recomiendo ampliamente acudir a librerías especializadas para niños, solicitar libros de estos temas y empezar a formar una biblioteca en casa, donde pueda recurrirse a esta biblioterapia tan sencilla y educativa.

En relación con la muerte y los niños, no debemos perder de vista que los chicos sí viven el duelo. No por ser pequeños dejan de experimentar este proceso, es algo que registran y sufren por ello. Evitarles o al menos tratar de evitarles sufrimientos, al no involucrarlos directamente en el tema, solo inhibe sus preguntas, que son lo más sano y la manera socrática de aprender.

A esta edad, los niños quieren saberlo todo y se preguntan todo. No se conforman con que "lo que empieza debe terminar", quieren saber cómo se siente estar muerto, cómo se ve un cadáver, a dónde van los muertos y en los casos en que se use la religión o la fe para dar explicación a estos fenómenos, se preguntan también por qué Dios se lleva a las personas.

Por dura que pueda parecernos esta pregunta, la respuesta no es: "Niña, no digas eso". Si nosotros mismos no la sabemos, podemos consultarla con un sacerdote que tenga experiencia en misas para niños y el trato con ellos. Su orientación y consejo serán muy oportunos, como lo serían los de un pastor, un rabino o cualquier guía espiritual.

De 5 a 8 años:

Es increíble lo que los niños han avanzado a esta edad, son adorables. Los berrinches (si se han manejado bien) desaparecen y cada vez son más cooperativos, inquietos y activos miembros de la familia. Son sumamente perceptibles a los mensajes no verbales que solemos transmitirles. Si por ejemplo decimos: "No, mi vida, estoy tranquila de que tu abuelito ya murió, porque ya no va a sufrir", pero nos ven llorar, ausentarnos emocionalmente y cambiar toda nuestra rutina familiar de manera inexplicable y dolorosa, no nos lo van a creer. "La muerte es algo natural, pero vente a dormir a mi cama para que no me sienta solita" transmite el mensaje de que la muerte es dolorosa, separa y además es algo de lo que no puede hablarse mucho. Debemos ayudarles a comprender que las separaciones duelen, que existe un binomio amorsufrimiento porque quien ama se compromete y eso es dar una parte de ti al otro que, cuando se va, te va a hacer mucha falta. La ausencia duele.

Al final de esta etapa de desarrollo aparecen en casa los videojuegos y todos esos pasatiempos electrónicos que dan una idea equivocada a los niños de lo que es la muerte. En primera se juega a matar, lo cual debería de cuestionarse por el nivel de agresión en nuestra sociedad y en segunda se le da un carácter de reversible a la muerte. Acabé contigo, pero el siguiente encuentro lo empiezo de nuevo y ahí estás. En la vida real no puede simplemente reiniciarse el juego. La muerte es definitiva e irreversible.

Los medios de comunicación son otra vía por la cual los niños se enteran de la muerte. Los noticieros están llenos de ella y es imposible tratar de protegerlos de cualquier noticia que implique muerte o destrucción. Es mejor escuchar sus dudas e inquietudes, darles definiciones de las palabras que ellos escucharán y que tal vez son nuevas en su vocabulario: secuestro, abuso, crimen organizado, etcétera.

Un niño que guarda silencio ante la muerte de un familiar no es que no le haya afectado el acontecimiento, es tal vez que está asustado y hay que invitarlo a hablar al respecto.

Existen muchas técnicas para que el niño o la niña se sienta en confianza y pueda ir hablando de lo que le preocupa o duele. Esto generalmente se hace por medio del juego, el dibujo o usando títeres o muñecos que representen a los personajes de su propia familia.

No conviene presionar, alzar la voz o condicionar regalos o paseos para conseguir que el niño ventile sus emociones. Se debe ir paso a paso, ganándose su confianza y mostrándole verdadero interés en su situación.

De 9 a 11 años:

Los chicos a punto de entrar a la adolescencia son especialmente sensibles a estos temas. Lo entienden y captan todo, es imposible tratar de ocultarles algo. Pareciera que lo huelen y es mejor hablarles claro y con la verdad. El tratar de excluirlos de lo que está pasando les crea ansiedad y confusión. Ellos resienten el que se les haga a un lado, pues lo interpretan como falta de confianza en su capacidad para integrarse y apoyar a la familia. Debemos, sin embargo, ser muy cautelosos, ya que es una etapa de autoconocimiento e introversión, especialmente frente a otros adultos de no tanta confianza.

Las noticias deben dárseles en privado para que no frenen sus sentimientos. Recibir demasiada atención en velorios y funerales les resulta abrumador y tienden a encerrarse en sí mismos. Recordemos que ellos no quieren ser diferentes al resto, no quieren ser el que se le murió el hermanito o el que secuestraron a su papá y ser señalados por ello.

Esta es la época que mayormente recordamos cuando de adultos revisamos nuestra niñez. Es cuando empiezan a formarse las pandillas y verdaderos grupos de amistad. Al sufrir una pérdida, el joven tal vez no quiera comunicarlo a sus amigos, porque no quiere que sientan lástima por él o ella, pues teme no ser aceptado.

Aquí necesitan nuestro apoyo para asegurarles que sus amigos le brindarán su amistad, no se burlarán de ellos y explicarles que no tiene nada de malo sufrir una pérdida. Todos estamos expuestos a ello en un momento dado.

Pareciera que no necesitan tanto afecto y demostraciones de cariño, pues si antes eran cariñosos, ahora se han vuelto un poco fríos. Esto es falso porque, tras esa aparente indiferencia, siguen necesitando nuestro contacto físico, besos, abrazos y alguien que emocionalmente los rescate cuando se sienten perdidos. Un hijo nunca es demasiado grande como para no caber en los brazos de su padre y ser consolado por él.

Mantén una respetuosa pero siempre afectiva distancia con ellos. Necesitan experimentar su independencia.

A esta edad podemos trabajar con los chicos la importancia de decir adiós, de que se despidan de su ser querido si hay la posibilidad de que muera, pero también enseñarles que hay que demostrarle nuestro afecto todos los días a quienes amamos e ir a la cama cada noche con las cuentas claras con ellos.

Si existe una idea macabra y aterrorizante de la muerte, esta es la edad perfecta para cambiar esa imagen y reprogramarlos en la naturalidad de dicho acontecimiento. Ya tendrán conocimientos de biología y ciencias, y entenderán mejor todos estos procesos. Pero seguirá siendo vital la congruencia entre lo que les decimos y lo que ellos ven que nosotros hacemos.

Al ser partícipes de lo que ocurre, podrán opinar y ser consultados hasta cierto límite en cosas como qué pasará con los objetos del ser querido, qué tanto van a contar a los demás, etcétera. Inclusive pueden pedir quedarse con algo que les sea significativo.

Algo importante es que si no conoces la respuesta de lo que los niños te pregunten, no la inventes, reconoce que no la sabes e investíguenlo ambos. El duelo y el dolor vivido juntos une para siempre; en cambio, cuando cada quien vive su duelo a su manera y por separado, en aislamiento, la muerte crea resentimientos y corajes.

Los siguientes puntos pueden ayudarte a que la comunicación fluya con tus hijos:

- Escúchalos y préstales total atención.
- Pon en palabras sus sentimientos (lo que ellos están sintiendo y tal vez no saben expresar).
- No estés constantemente cuestionándolos, culpándolos o aconsejándolos.
- Invítalos a explorar sus propios pensamientos y sentimientos.
- No siempre seas lógico, concédeles en la imaginación lo que no puedes darles en la realidad. Por ejemplo: "Mamá, quiero que mi papá vuelva, que no esté muerto". "Hijo, desearía tener una varita mágica y volverlo a la vida" o bien, "Sería maravilloso que eso pudiera darse".
- Únete a sus deseos, aunque sea por una sola vez. Eso no los confundirá, únicamente se sentirán más cercanos a ti. Tampoco vuelvan los

sueños una meta o una oración, vivan su realidad un día a la vez.

De 12 a 14 años:

Los jóvenes pasan por un duelo intenso, como todo lo que viven, al enfrentar una pérdida. No porque los veamos salir o reírse significa que no lo están sintiendo y no les afecta. Los chicos se ríen, juegan y van a fiestas como una necesidad biológica y emocional; el juego les da la oportunidad de crecer, simular, resolver y lo necesitan tanto como la comida o la afectividad.

Su duelo es intermitente, a veces están muy, muy bien, y otros días los vemos sumidos en una profunda tristeza. Debemos estar disponibles para ellos, cercanos; y recordar que en esta etapa la música y los buenos amigos siempre ayudan. Es muy importante no tener una actitud persecutoria con ellos, sino más bien de estrecha vigilancia. Si hemos desarrollado un hogar abierto donde los amigos sean bien recibidos y se fomente la convivencia en grupo, tendremos dos barandales importantes de los cuales sostenernos en un momento de pérdida.

Conviene enormemente hablar con los jóvenes sobre el hueco que sentimos en el corazón tras haber perdido a alguien. Ese vacío no debe llenarse con comida, alcohol ni drogas. Simplemente debemos aprender a vivir con él como otros han aprendido a vivir con una bala alojada en la cabeza.

Bernardo, de 14 años, nos habla acerca del tema

La muerte, para mí, es el fin tanto de tu "espíritu" como de tu cuerpo. Después de la muerte no hay nada; quien muere no recordará a nadie y no estará con nadie. Yo no creo en otra vida ni, mucho menos, en la reencarnación. Pienso que mis seres queridos que han muerto no están en otro lado, simplemente ya no existen. Mucha gente para hacer el duelo más fácil dice de la persona muerta: "está en un lugar mejor", "ya está con su familia", "este mundo ya no era el mejor para ella", "ya está curada", etcétera. Pero como ya he dicho, es únicamente un pretexto para pensar que ella sigue aquí. Yo, en vez de quedarme con una persona en el corazón, la conservo en mis recuerdos y memorias porque ahí estará siempre presente.

Como los animalitos heridos, el adolescente se enconcha para sentir su dolor. Lo vive de manera solitaria y callada, limitándose mucho a expresar lo que siente a través de lágrimas. Invitemos a nuestros chicos a llorar con nosotros, a encontrar en hermanos y padres una fuente inagotable de es-

oyo, y no un pozo de silencio donde
los integrantes deposita su cuota dia-
unciona para amortiguar el dolor de la
ausencia son las redes de apoyo, pues las cadenas
se rompen, pero las redes contienen y soportan.

David frente al alcoholismo de su hermana

Estoy harto de mi casa. Me revientan todos. Mi hermana se la pasa en la fiesta y aunque la amenazan y le gritan, nunca le cumplen lo que le dicen. Ella una vez se tomó unas pastillas para dizque suicidarse y a partir de ahí tiene a mis papás agarrados de las manos. Le tienen tal miedo que entran a su cuarto dos o tres veces en la noche para ver si está bien.

Yo sí estudio, me porto más o menos bien y conmigo es con quien se desquitan. Siento un gran peso sobre mis hombros porque yo no puedo fallarles también.

Ella promete que ya no va a tomar y nunca lo cumple. Yo no sé cómo mis papás pueden creerle, si ni yo le creo. Pobre, pero de verdad me parece que sí tiene broncas ya con el alcohol y nos está llevando a todos entre las patas.

La vida a veces nos pide perder, soltar, dejar ir,
y es solo cuando nos quedamos con las manos
abiertas y vacías que podremos recibir de nuevo.
Nadie puede aplaudir o acariciar
con los puños cerrados.

¿Qué me dejó este capítulo?

_____
_____
_____
_____
_____
_____
_____
_____
_____
_____
_____
_____
_____

Encuentros y desencuentros

_____
_____
_____
_____
_____
_____
_____
_____
_____
_____
_____
_____
_____

Aprendizajes significativos

_____
_____
_____
_____
_____
_____
_____
_____
_____
_____
_____
_____
_____
_____
_____

Tareas por realizar

_____
_____
_____
_____
_____
_____
_____
_____
_____
_____
_____
_____
_____
_____

III
Reacciones y manejo
de pérdidas específicas

La muerte de los abuelos

La primera pérdida significativa a la cual generalmente nos enfrentamos es la de los abuelos. En México cada vez es menos frecuente que los abuelos vivan en la misma casa que los nietos, lo cual hacía la relación más estrecha y entrañable, pero aun en casas separadas nuestro concepto de familia nos hace convivir mucho con ellos y con los tíos.

La casa de la abuela suele ser el centro de reunión familiar. Con frecuencia, los abuelitos mueren tras una enfermedad prolongada y muchas veces sus seres queridos llegan a ser testigos de esa agonía. Lo que una enfermedad larga nos proporciona es un tiempo de preparación para el hecho inevitable de la muerte, pero nuestra infinita negación hacia ella hace que desperdiciemos ese tiempo no abordando el tema, no preparándonos para la posible partida de alguien amado. Esto es una pena.

En los adultos, este tiempo debería ser invertido en que el anciano se exprese sobre la muerte, lo que para él significa y si hay miedo al respecto. Ya con el solo hecho de hablar sobre ello se siente liberado de una gran tensión. También puede decidir qué ayudas quiere recibir, cuáles no y qué quiere que se haga con su cuerpo una vez que fallezca.

Suena tal vez frío y calculador, pero no lo es. Resulta gratificante para un adulto mayor saber que su opinión sigue tomándose en cuenta y se hará su voluntad, ya que es dueño de su vida hasta el último instante.

Para quienes acompañamos ese proceso es el tiempo de cuestionarnos a qué edad nos gustaría morir, cómo nos gustaría morir y qué estamos haciendo actualmente para morir de esa manera. Tal vez preferimos una muerte tranquila, quedándonos dormidos en nuestra cama calentita, pero toda nuestra vida la dedicamos a los deportes extremos o a los excesos en la comida o bebida. Así no estamos siendo coherentes con lo que queremos. Sería más factible una muerte por accidente, un enfisema pulmonar o una diabetes incontrolada.

La idea es contar con un proyecto de muerte como lo tenemos para la vida y, por duro que parezca, entender que posiblemente el destino ya nos tenga preparada una fecha de muerte. Dicen que de la "raya" nadie se salva, pero lo que sí está en nuestras manos decidir es la calidad de vida que tendrán esos días que nos queden por vivir.

Los abuelos tienen una sabiduría muy especial, la que les han dado los años y la que les da la cercanía de la muerte. Las fuerzas disminuidas se ven compensadas con la experiencia y la paciencia adquiridas.

Quienes en su juventud o adultez fueron muy severos con sus propios hijos, ahora con los nietos lucen blandos y cariñosos, y los niños adoptan esta figura paternal como un cómplice que come galletas a escondidas con ellos, los cubre ante sus padres y tiene el tiempo para escucharlos y jugar juntos. Los que a veces no tenemos el tiempo somos los hijos, que estando en otra etapa de la vida nos afanamos en el trabajo, la construcción de un porvenir y las múltiples ocupaciones. Es difícil lidiar con los reclamos de falta de atención hacia ellos o distribuir el poco tiempo que nos queda para estar juntos. La culpa estorba las relaciones. Debemos hacer y ser lo mejor que podamos y entenderlo así: Yo he hecho lo mejor que he podido con las circunstancias en las que estoy y con los recursos que tengo.

Los abuelos, cuando hay una buena relación con ellos, son importantísimas figuras en el desarrollo de los niños y su ausencia deja un hueco terrible por el que estos solo pueden ser consolados asegurándoles que donde aquellos están ahora ya no sufren, ya no necesitan sus medicinas, ya pueden correr y saltar, y se sienten felices.

No por eso les negaremos el estar tristes; por el contrario, los acompañaremos y secaremos sus lágrimas siempre que sea necesario, reiterándoles que estaremos a su lado.

Desde la óptica de los niños, su miedo real es que todas las personas que les son significativas y necesarias empiecen a morir. Por eso es importante repetirles que no será así y que no estarán solos.

Al dolor de haber perdido a un abuelo o abuela se une el sufrimiento de nuestros padres. Están dispersos, sumidos en su pesar y no comparten lo que sienten y piensan. Entonces, por un lado, les decimos a los niños que todo está bien, que se tranquilicen y, por otro, nos ven llorar por los rincones y presienten que la muerte no es todo lo que se les ha dicho y hay un oscuro secreto escondido por ahí.

Tampoco se trata que como hijos neguemos o reprimamos nuestro dolor, sino que le aclaremos al niño que lloramos por nosotros mismos, porque vamos a extrañar al abuelo o abuela y quisiéramos que estuviera con nosotros, aunque sabemos que ahora está mejor.

Explíquenles que cuesta mucho trabajo separarse de alguien y dejarlo ir, pero también el hacerlo es una prueba de amor. Utilicemos con los niños casos concretos y no poéticos al respecto. Por ejemplo, decirle: "Cuando fuiste a aquel campamento en el verano, me costó mucho trabajo dejarte ir y lloré porque te extrañaba, pero me consolaba saber que estabas bien y que para ti era lo mejor. Aunque ahora extrañe al abuelo y llore por él, estoy convencida de que su ciclo terminó y que él está bien".

Antiguamente, en la provincia mexicana se obligaba a los niños a que besaran a su abuelo o abuela muerta, que se acercaran al cuerpo que se velaba en casa (costumbre que aún se practica con frecuencia) y se arrodillaran ante él. Por haber sido obligados a ello, muchos adultos guardan recuerdos dolorosos e impactantes al respecto. Aquí debe dejarse que el niño decida, pero darle la opción: "¿Quieres darle un beso, quieres tocarlo o acercarte?". "Despídete de él, di lo que piensas y sientes".

Si el niño decide hacerlo debemos acompañarlo y dar oído a sus preguntas y comentarios; si no quiere, no debemos de forzarlo. Tocar esa piel que ya no es blanda y calentita, sino rígida y fría, es un balde de agua helada, pero nos mete de lleno en la realidad de que está muerto y pasado ese momento estamos listos para empezar nuestro duelo.

Un consejo para estos casos: no minimice con sus niños la gravedad del abuelo, o no les haga creer que no pasa nada ni les oculte que su abuelo ya falleció. Los pequeños intuyen mucho más de lo que decimos con palabras y el sentir que se les ocultan cosas activa su imaginación y salen todos los fantasmas a relucir. Se sienten culpables, piensan que algo han hecho mal y, sobre todo, se sienta un precedente de que la muerte debe estar rodeada de misterio, desinformación y sufrimiento en soledad.

Dígales las cosas a su nivel, no dando más información de la que ellos soliciten, pero hábleles siempre con la verdad. Los niños nos sorprenden con su manejo de las cosas, pero lo que no pueden digerir y los marca de por vida son la mentira y el engaño. Asegúrese de decirles que el abuelo está MUY enfermo, porque así recalcará la diferencia de cuando simplemente está enfermo.

 Qué nos cuenta Fanny

Fanny tiene 10 años. Su abuelo murió en diciembre de 2009. Él llevaba dos años con deficiencia en un riñón y tuvo que ser sometido a diálisis, constantes tratamientos y un par de internamientos. Ella me decía que lo extrañaba mucho. No pudo despedirse de él, porque cuando murió, ella estaba en un campamento escolar y no quisieron avisarle para no estropearle el viaje. Ella lamenta no haberlo sabido. Dice que viajes podrá tener muchos, pero abuelito Beto, solamente uno.

Cuando yo la conocí su abuelo tenía tres meses de haber fallecido. La familia esperaba ya que hubiera menos lágrimas y que ella empezara a ser más funcional en el colegio. Su maestra la reportaba como retraída y ausente. En nuestra primera sesión me dijo que se alegraba de tener un espacio donde pudiera hablar de su abuelo, porque ya nadie quería mencionarlo por no hacer llorar a su mamá. Me contó de él, de cómo se llevaban, a qué olía y cómo comían galletas y tomaban refrescos a escondidas de la abuela. Ahora le preocupa que ésta se quede sola y quiere llevársela a vivir con ella.

La intervención tanatológica es una terapia breve, es de un máximo de 10 sesiones, donde se le da un empujoncito cariñoso a nuestro usuario para que regrese a las vías de su vida. Los tanatólogos no somos médicos, por eso técnicamente no podemos llamarle pacientes a quienes nos buscan. El término correcto es usuario, pero yo en lo personal lo considero frío, así que para fines prácticos decidí llamarlos *pacientes* tanto en este libro como en mi consulta particular.

No hay tiempo para estacionarse en el pasado o visitar demasiado el futuro. Es decir, ni demasiada depresión ni exceso de angustia. Un pie en el hoy y la mirada al frente, esa es la postura emocional correcta.

Lo primero que hicimos con Fanny fue un dibujo para el abuelo, muy bonito, con colores brillantes y poniéndole todas las cosas que le gustaban: balones de futbol, galletas, helados y un día soleado. Se lo enviamos en un globo, porque no sabíamos si le llegaría por el correo. Esa sesión no lloró, pero establecimos un vínculo muy importante entre el aconsejado y su tanatólogo, a eso se le llama *rapor*.

De cómo vivas tu duelo dependerá tu salud física
y mental. Todos llevamos en el cuerpo
un mapa emocional de nuestra historia.

La muerte de los abuelos a veces nos llega cuando somos muy pequeños o muy inconscientes, y es hasta que somos mayores cuando dimensionamos todo lo que su figura significó en nuestras vidas. Nos descubrimos recordando sus historias o manías y también evocamos, con cierta nostalgia, que en vida de los abuelos la familia se reunía más o todos los primos pasaban juntos las navidades.

Los abuelos son y deben ser figuras símbolo de la familia. Debemos darles un lugar de respeto y atención, y no hacerlos a un lado por el vertiginoso ritmo de nuestra vida.

Ellos han vivido más que nosotros, han pasado por buenas y malas temporadas. Ahora tienen otra visión de la vida. Que no se nos pasen de largo estos estupendos maestros, estos seres libres que ahora pueden sopear sus galletas sin ser censurados y que muchos afortunados de ellos pasan sus horas haciendo lo que realmente quieren hacer.

La historia de don Alberto

Gran tipo era mi abuelo, hasta usaba sombrero y manejaba un clásico. Un hombre severo pero justo. Culto pero no engreído. Sencillo y sabio, dulce y gruñón. Una mezcla muy especial de esas que mantienen a toda la familia reunida. Cuando él vivía no había duda de dónde pasaríamos las navidades, siempre juntos con música y baile. Piano, buena comida y mucho sentido de familia.

Un día, mientras yo dormía, mi hermana entró corriendo a mi cuarto para avisarme que me levantara, que no podían despertar a mi abuelito. Fui a su lado, claro que no podían despertarlo ni despertaría jamás. Él ya no estaba ahí. Su boquita abierta, su cuerpo rígido. Seguramente su corazón había dejado de latir hacía algunas horas. Mucho correr, mucho llorar de todo el mundo. Un caos, una falta de respeto para quien merecía un verdadero minuto de silencio y una promesa de que todos estaríamos bien y de que no habríamos de desoír sus enseñanzas de valores y de unión. Nadie me veía a mí. Me senté a su lado y tomé su mano, permanecí así mucho tiempo, tanto que aún ahora, cuando estoy asustada o las cosas no salen como yo hubiera querido, siento que sigo tomada de su mano firme y segura, y me siento mucho mejor.

Gracias, don Alberto, porque yo tuve el mejor abuelo del mundo, el que me traducía cuentos del francés, el que me prestaba su estuche de fichas, el que nos decía chivos locos. El que yo amo muchísimo y por eso mi hijo mayor lleva su nombre.

La muerte de la madre

Las relaciones más significativas en nuestra vida son las que establecemos con nuestros padres. En ese terreno de lo esencial, y de lo que marca el cómo nos relacionaremos con el resto del mundo, aparece la imagen materna.

Una madre (una buena madre) es protección, cariño, guía, afectividad, ternura y el ejemplo de rol a seguir para las hijas y de búsqueda por parte de los hijos. No es casualidad que el hijo de una madre muy dominante busque una pareja diametralmente opuesta o bien una que sea idéntica a su madre.

Sea como haya sido la relación con ella, la pérdida de una madre nunca resulta fácil. A cierta edad, y cuando uno es mayor, se vive como algo natural; pero sin importar qué edad tengas, la orfandad siempre pesa.

Las etapas por las que se pasa para elaborar el duelo por la pérdida de la madre suelen no ser tan paralizantes como las que se viven al perder a un hijo o la pareja; sin embargo, dependiendo de varios factores, este trabajo de despedida puede quedarse atorado, como se marca en los incisos siguientes:

1. Idealizo a mi madre. Como ella ya se fue, ahora la recuerdo como perfecta, casi casi una santa;

entonces, al pensar en nuestros disgustos o desacuerdos, automáticamente soy yo el responsable y culpable de todo.

2. Cuando no se han resuelto pérdidas anteriores, la acumulación de duelos me lleva a vivir esto como algo que me rebasa.

3. Cargas económicas. Si mi madre era quien me mantenía o con su enfermedad o muerte adquirimos deudas, nuestra cabeza se mantendrá ocupada en su pago y no en pasar a través de mi sufrimiento.

4. Si era la persona con quien yo más me identificaba o con quien más antagonismo presentaba, ambos extremos implican un sobreinvolucramiento de la relación y complican el duelo a medidas radicales.

5. El no haber mantenido una relación sincera con mi madre por haber representado en mi vida una figura de autoridad. Asuntos pendientes y la fantasía que todos tenemos de que algún día habrá tiempo para hablar y arreglar las cosas. Sin embargo, ese tiempo rara vez es concedido; debemos buscarlo, propiciarlo y sanar en vida

cualquier herida de la infancia. Tal vez nunca es demasiado tarde para tener "la infancia feliz" que tanto anhelábamos.

Una vez más cabe resaltar que no es lo mismo perder a una madre cuando eres niño y totalmente dependiente de ella, pues significa tu propia sobrevivencia, que perderla de adolescente, cuando más peleabas con ella y te le enfrentabas, o perderla de adulto, cuando supuestamente has alcanzado tu independencia.

No puedo dejar pasar este capítulo sin hacer la reflexión quizá más importante de este libro. El momento es ahora. No lo dejes para después. Si tienes algo que decirle a tu madre, pedir perdón o perdonar, no temas hacerlo, no temas su reacción, seguro te sorprenderás.

No podemos estar alejados de quien nos dio la vida, y si en todo caso esa es nuestra decisión por haber sido una mala progenitora, entonces debemos decirle que nos dolió, que nos marcó. Eso es ir más allá de que ella lo comprenda o no; es sacarlo de tu sistema, dejar de cargar eso tan pesado e ir ligeros de equipaje por la vida. La ocasión es hoy.

Pocas mamás enseñan a sus hijos a ser felices; los enseñan a vestir, a hablar, a comportarse, a callar y a una serie de trucos aprendidos. Pero si ustedes han tenido la suerte, como yo, de tener como madre a un ser maravilloso, cuya vida ha sido un ejemplo a seguir y una lección acerca de la tenacidad y la felicidad, no dejen de decírselo.

Tener las cuentas al día no es solo perdonar, es dar las gracias y hacerlo constantemente, porque por ellas estamos aquí y, en gran medida, somos lo que somos por la cantidad de amor incondicional que invirtieron en nuestros primeros años.

Todo se reajusta con la muerte de una madre. Una vez completados los ritos que se estilen en tu religión, deberás hacer una reflexión y un recuento de los daños. Siempre hay pedazos que levantar y reconstruir. Siempre hay una lección que aprender y ganancias aledañas que, de momento, el golpe y el sufrimiento no nos dejan ver, pero que a la larga afloran.

Claro que nadie desearía que su madre muriera para obtener aprendizajes, pero si de todas maneras va a morir y no está en tu mano, qué hay de malo en tomar las enseñanzas que la vida te pone. Para eso están ahí. La vida no quita nada sin dar algo a cambio. Esto es cierto con la misma exactitud con la que después de la noche sigue el día.

Algo que constantemente vemos en nuestra sociedad latina es la atribución de responsabilidades impropias. Esto es que, muerta la cabeza del matriarcado, la hija mayor o alguna de las hijas sentirá que debe ser la encargada de mantener unida a la familia.

Es una carga muy pesada que generalmente se atribuyen de propia voluntad y que resulta cómoda para el resto de la familia. Volverá a haber alguien que realice las comidas de domingo y se encargue de que todo marche como antes. Esto impide que la persona viva su duelo, con todo lo que esto implica: sentir la ausencia y enfrentar los cambios.

Las cosas ya nunca serán igual, pero eso no significa que no puedan llegar a ser buenas.

La muerte de una madre, salvo en los casos de muerte violenta o repentina, generalmente va precedida de pérdidas anteriores. La pérdida de su salud, el deterioro físico de los años, la pérdida de algunas otras capacidades o de su independencia. Como hijos e hijas, debemos de ir leyendo cómo la vida nos marca el cambio de roles de protegido a protector y asumir este último como parte natural del proceso de vida. Es un privilegio poder cuidar a tu madre enferma con disposición, conservando su dignidad y enseñando a las generaciones que vienen cómo se cuida de alguien que amamos.

No es fácil ver a quien fue tu fortaleza, doblarse. Pero en la vida rebelarse contra las realidades solo trae sufrimiento; debemos asumirlas, y no tenemos que hacerlo solos. Todos contamos con redes de apoyo que es importante identificar: tus amigos, tus compañeros de trabajo, tu centro deportivo, etcétera. Todos necesitamos de todos, y así como estamos dispuestos a ayudar a los demás, debemos estar dispuestos a ayudarnos a nosotros mismos, entendiendo el verdadero significado de la humildad, que es dejar que nos ayuden y recibir esa ayuda con amor.

El duelo por la muerte de una madre generalmente durará un año, si no se ha complicado, y vale la pena tener en mente que los demás también están viviendo su duelo y de manera distinta a la tuya. Tu momento de ira puede coincidir con la etapa de depresión de tu hermano, pero también puede encontrarse con la rabia de tu padre y hacer explosión. Paciencia y tolerancia son la receta para este tiempo. Deben tratar de mantener los lazos familiares, que son un gran apoyo en este momento de prueba.

Un testamento y los legados en claro ayudan a disminuir las rencillas entre hermanos. En México, durante septiembre, las notarías tienen precios especiales para elaborar testamentos y cuentan con machotes que aplican a casi cualquier caso. Así pues, no se necesita saber de leyes o propiedades para poder realizar este trámite.

de, es únicamente que en realidad no creemos que todos vamos a morir. Se convierte nada más en una frase hecha cuando expresamos: "Todos vamos para allá, solo se nos adelantó". Pero, en el fondo, no lo creemos y la muerte siempre nos sorprende y la tomamos como una imposición y una desagradable sorpresa, cuando se nos ha avisado desde siempre que algún día llegará.

¿No hemos rezado en más de una ocasión "Hágase tu voluntad en la Tierra como en el cielo..."? Entonces, ¿por qué cuando se hace nos enojamos?

Pensar en la muerte y su posible llegada no es pesimismo ni autotortura, es en realidad comprometerse con la vida. Darle un sentido al aquí y ahora que nos toca vivir.

La historia de Teresa

Con tan solo nueve añitos debió enfrentarse a la muerte repentina de su madre por complicaciones respiratorias. Se siente asustada, abandonada. No le gusta su nueva realidad. Y cómo no sentirse así cuando, ante una caída o unas lágrimas, siempre escuchaba: "Ya, tranquila, mamá está aquí y todo está bien". Y ahora que no está mamá, siente que todo puede pasarle, que está desprotegida.

Mi trabajo aquí va dirigido a que acepte lo que pasó, aunque no le guste, ni lo considere justo; que trate de adap-

Pensemos que, de por sí, los hermanos siempre compiten por el amor de los padres, y una vez fallecidos estos, compiten por haber sido quien más los quiso o, con protagonismo, por ser quien más sufrió con su pérdida.

Ante el dolor que nos ocasiona el fallecimiento de una madre y las condiciones en que este se dio, muchas veces podemos pensar que no se merecía una muerte así o que ella, que siempre dio tanto, no recibió un final justo.

No nos preguntemos: "¿Por qué a ella?". La pregunta debería de ser: "¿Por qué no a ella?". Todos somos seres humanos, candidatos a morir desde que somos concebidos, y en las condiciones y momento de irnos no hay ningún error, aunque pudiera parecerlo; es el destino. Si su agonía duró cinco meses, en lugar de quejarnos demos gracias a la vida porque pudo haber durado 36. Sé muy bien que esto que propongo es una manera distinta de ver las cosas a como estamos acostumbrados.

Asumimos lo que nos pasa como tragedias y no pensamos que pudiera haber sido peor. La verdad es que las cosas son como son y entre más pronto las aceptemos nos ahorraremos mucho sufrimiento innecesario.

Por favor que no se confunda, en ningún momento minimizo el sentir ante una pérdida tan gran-

tarse a los cambios y aprenda a cuidarse a sí misma también. Aunque otros lo hagan, parte de la responsabilidad de estar bien ahora la tiene en sus manos. Juntas le hicimos una carta donde le pedía perdón por todo lo que consciente o inconscientemente le hubiera hecho; la perdonaba también en especial por haberse muerto, le decía cuánto la quería, le daba las gracias por todo y se despedía de ella. Esta última parte le costó mucho trabajo, pues no quería despedirse. Entonces yo le expliqué que no se trataba de dejarla atrás y seguir con su vida, sino de asimilar lo mejor que tuvieron juntas, sus enseñanzas y amor, y seguir adelante unidas, como fusionadas en una. La carta la leímos en voz alta y luego la pusimos en un recipiente metálico donde le prendimos fuego, con todo cuidado para que el humo se fuera al cielo y su mamá pudiera recibirla.

Comparto ahora la carta que Valeria, mi paciente; le escribe a la vida y a su madre después de haber sufrido su pérdida. Es una misiva valiente de alguien que manifiesta su dolor, pero no se deja abatir por lo ocurrido. La luz de su amor y su ejemplo nos inspiran a todos.

La carta de Valeria

¿Por qué es tan difícil aceptar la pérdida de un ser queri-do? ¿Por qué cuesta tanto aceptar que su momento de irse llegó y no sentir como si nos hubieran abandonado? Estas son preguntas que no tienen una respuesta concreta y que muy poca gente logra entender.

Hoy he aprendido que aun cuando no haya una respuesta a estas preguntas, conforme pasa el tiempo aprendes a vivir con esa pérdida y la vida se vuelve mucho más fácil. No pasa un día en que no piense en esa persona, la cual completó su viaje en este mundo para empezar otro en un lugar lleno de paz.

Mi historia es más o menos la siguiente: mi mamá era una mujer maravillosa, buena hija, buena hermana, buena madre, buena esposa. Todo el que la tenía cerca sentía esa paz que emanaba de su ser. Tenía el corazón más noble que he visto en mi vida. Fue una mujer ejemplar, quien vivió plenamente hasta el último día de su vida. Ella era médico, uno muy bueno por cierto, entregada al 100% a sus pacientes. Siempre buscó ayudar a quien más lo necesitaba, sin pedir nada a cambio. Se conformaba con una sonrisa; decía que era la cosa más gratificante que había. Logró su sueño de trabajar en el lugar que más quería y le gustaba: el Hospital Gabriel Mancera, el cual fue su segunda casa durante 23 años y ahí mismo terminó su camino, en el lugar que más amó y disfrutó.

En un principio no podía entender cómo una persona tan noble y buena, que se desvivía por ayudar a los demás, debía sufrir una enfermedad tan agotadora como lo es el cáncer. Luchó toda su vida por el bienestar de la gente, contra enfermedades como el cáncer, y al final la vida le quitó la salud.

Pasaron cuatro años desde que le detectaron cáncer de mama. Como buena madre y esposa, nunca nos demostró debilidad o angustia por dicha enfermedad. Al contrario de mi hermana, mi papá y yo, ella siempre estaba sonriente tratando de buscarle el lado bueno a las cosas. Aun cuando su enfermedad la estaba acabando poco a poco, nunca la veías mal, incluso cuando por las quimioterapias perdió el cabello, se veía divina.

En primera instancia, me costó mucho trabajo entender y aceptar lo que le estaba pasando, actuaba como si no tuviera nada, trataba de mostrarme como roble ante ella y mi familia, aun cuando me estuviera muriendo por dentro. Pasó el tiempo y comprendí lo que ella siempre me decía: las cosas pasan por algo y Dios no te pone obstáculos que no puedas superar.

Después de cuatro largos años de luchar contra tan terrible enfermedad, hace un año mi mamá falleció en el hospital donde trabajó toda su vida, al lado de sus hijas y esposo. Fue la primera vez durante cuatro años en que la vimos verdaderamente en paz; al ver su carita de tranquilidad, supe que iba a estar en un lugar perfecto, ya que a partir de ese momento se había convertido en el angelito de ojos verdes.

Hoy, exactamente un año después de que falleció el angelito más hermoso que yo haya visto, y luego de pasar por las cinco etapas del duelo, de las cuales todo el mundo habla pero nadie conoce, como dicen Deepak Chopra y Elisabeth Kübler-Ross en sus libros que me acompañaron en este proceso tan doloroso, entiendo que la gente viene a este mundo y a tu vida para cumplir una misión; una misión que se vuelve un aprendizaje y al final es un proceso de evolución que cuando termina, la gente se va. Esto no quiere decir que se va para siempre y se pierde en la magnificencia del universo; sino que se va al lugar que le corresponde, un lugar al cual te vas haciendo merecedor por las acciones que realizas en vida. Le llamo un mundo de evolución superior del alma. Antes me costaba un poco de trabajo creer que había vida después de la muerte, y aunque para muchos es una idea demasiado utópica, para mí y después de lo que he vivido a lo largo de este año, existe, no sé ni cómo ni en dónde… solo sé que el espíritu trasciende a un lugar mejor. Gracias a esta manera de pensar o de ver las cosas he encontrado el sentido a mi vida, la estabilidad y la tranquilidad que hace mucho no sentía.

Sé que por momentos uno reniega de la vida preguntándose: "¿Por qué me pasa esto a mí?", "¿Por qué a ella que es tan buena?". Ante estas incógnitas, yo únicamente puedo decir que no debemos perder el tiempo reprochándole a la vida lo que nos quitó o no nos ha dado; debemos hacer todo lo contrario: agradecer lo que tenemos y sobre todo a quien tenemos o tuvimos cerca de nosotros porque eso es lo que verdaderamente trasciende.

Vivir un duelo es sumamente doloroso, pero no es algo que no podamos sobrellevar. Nunca te olvidas de esa persona, simplemente aprendes a vivir sin ella, agradeciendo todo lo que dio. Te das cuenta de que la vida sigue y que por ti, por esa persona tan querida, pero sobre todo por la gente que se queda, hay que salir adelante con la frente en alto.

Mamita, gracias por enseñarme a ser una mujer de bien, luchona y trabajadora; por enseñarme que no hay nada más gratificante que ayudar a las personas que más lo necesitan. Gracias por hacerme confiar en mí misma y creer en mi fortaleza. Gracias por darme la mano antes, hoy y siempre para continuar mi camino. Te has convertido en mi angelito.

Y como siempre digo: "La fortaleza de un hombre se mide en la manera como enfrenta las pruebas que le da la vida".

*Duele no tenerte aquí, pero sé
que volveremos a estar juntos, no con este cuerpo
y estas manos, pero sí con nuestra alma
y la energía que somos.
La muerte acaba con la vida de una persona,
pero no con lo que sentimos por ella.*

La muerte del padre

¿Quién quiere hablar de muerte? Probablemente nadie. Queremos estar felices o riéndonos; pero, sin duda, la muerte es uno de los temas que, aunque no abordemos, vendrá a nuestro encuentro alguna vez.

Un padre debe ser un cuidador, un proveedor, una figura de fuerza y autoridad. Perderlo significa un descontrol muy grande. En México el padre solía estar ausente o no estar emotivamente involucrado; pero esto se ha revertido en los últimos años, y con más madres que trabajan y algunas que hasta sostienen el hogar, los padres han pasado a formar parte fundamental de la vida de los hijos. Para un niño, su padre es un superhéroe, lo puede todo, lo resuelve todo con su sola presencia. También es quien impone y hace cumplir los límites. Es una relación de mucha ambivalencia entre miedo y admiración. Entre quiero ser como tú cuando sea grande y tú ocupas el lugar que a mí me gustaría tener.

Por todo ello, la muerte de un padre representa un desequilibrio total en la vida de un niño que ha tenido una figura paterna presente e involucrada en su vida diaria. La sensación de quedarte huérfano te pega a cualquier edad, pero principalmente entre los 8 y 18 años, cuando tu padre ya pasó a formar parte significativa de tu vida, además de tu madre. Culpa y más culpa aparece cuando aquellos deseos de rabia juvenil se hacen realidad y cómo cuesta entender que su muerte no es una respuesta a nuestras enojadas peticiones, sino que obedece a su propio destino.

Todos estamos experimentando la vida, por eso no podemos protegerlos y protegernos de estos sucesos. Ante la muerte de un padre, sea cual sea la edad de un hijo, este merece:

- Saber cómo ocurrió. Necesitará la mayor cantidad de detalles posibles para tratar de unir las piezas de este rompecabezas tan ilógico para él.
- Tener conocimiento del hecho en cuanto ocurra, no días después, ya que todo haya pasado y no haya tenido posibilidad de verlo o despedirse.
- Que le refuercen que él seguirá siendo cuidado.
- Que nadie le diga que tiene que ser fuerte ni que ahora es el hombre de la casa o quien tiene la obligación de cuidar de su mamá.
- Seguir siendo hijo, aunque fallezca su padre, porque no se vale que la sociedad espere que automáticamente madure y ocupe un lugar

de poder en esa casa o que la misma madre empiece a verlo como su compañero.

La muerte es parte de la vida y los chicos están viviéndola, no preparándose para ella como si fueran dos cosas distintas. No sientan pena por ellos, si esto ha pasado, podrán enfrentarlo. Soy una fiel creyente de que la vida no nos manda nada que verdaderamente no podamos enfrentar, a veces es mucho y muy seguido, pero de alguna u otra forma podemos salir adelante. ¿Cómo podrías hacer deporte o salir al mundo si no confiaras en tu cuerpo y en su capacidad de repararse? Es decir, si supieras que eres una persona de porcelana que se romperá al menor golpe y no soldas esas fracturas, andarías con miedo, con muchas precauciones y temores, y a eso no podría llamársele vida.

Pues lo mismo pasa a nivel emocional, debes saber y asumir que lo que la vida te depare, vas a poder con ello. No es que lo desees o le des permiso a la vida para que te pasen cosas; estas pasarán con tu autorización o sin ella, pero debes confiar en que encontrarás caminos.

Ser capaz de lidiar con la pérdida, antes, durante y después de que pasó, habilita a un niño a crecer libre de culpa, depresión, rabia y miedo. Cuando podemos ayudar a un niño o joven a sanar su herida por la muerte de un padre, le estamos dando habilidades importantes y conocimientos que le servirán el resto de la vida.

Factores que influyen en la reacción frente a la muerte de un padre:

1. Cómo murió la persona. Entre más violenta y repentina es la muerte más se dificulta la aceptación del hecho y más se despiertan la ira y el miedo.

2. Cómo se enteró del fallecimiento. Muchas veces es un tercero sin tacto o de manera fría quien notifica el deceso; otras veces lo infieren por las lágrimas y lo que no les dicen. Lo ideal es que alguien muy cercano se lo diga con verdad, ternura y le dé la contención necesaria. Estas noticias deben darse de preferencia en persona y no por teléfono.

3. El tipo de relación que tenía con su padre. Si eran muy cercanos o muy alejados se complica el proceso, pues son los dos extremos de la cuerda: una adoración sin límite donde casi lo tenían elevado a una condición de inmortal o bien si hacía tiempo que no lo veían y prevalecía el enojo entre ambos.

4. La manera de relacionarse en familia y la dinámica que se estaba llevando a cabo antes de la muerte. ¿Quién lo ayudaba para todo?, ¿quién peleaba con él todo el tiempo?, etcétera. Es innegable que en una familia de cuatro hijos, por ejemplo, al morir el padre es como si hubieran muerto cuatro personas diferentes. Para uno su padre era su mejor amigo, para otro era quien no lo dejaba ser; para el tercero era un cómplice y para el cuarto puede haber sido su compañero de juegos.

5. También afecta cómo se va a estructurar la familia después de la muerte de quien, asumimos, era la cabeza de familia. Más si hay muchos cambios y tienen que mudarse o irse a vivir con los abuelos, así como la situación económica y los ajustes en el nivel de vida que esto ocasione.

6. Algo fundamental es cómo sean atendidas las necesidades del niño o de la niña durante los servicios funerarios, misas y eventos posteriores a la muerte. Muchos jóvenes experimentan un doble abandono, ya que su padre ha muerto y su madre se encuentra ausente por la pérdida y nadie parece darse cuenta dónde está el niño,

de qué manifestaciones de dolor es testigo, si ya comió o no; nadie parece saberlo. Es muy fácil malinterpretar las muestras de dolor de los niños cuando tú misma estás lidiando con tu propia carga por este dolor. Cuando un niño se siente mal, se porta mal, y a veces olvidamos esta conexión y pensamos que únicamente se comporta así por su edad, por molestarnos o por otros motivos. Qué herramienta tan importante es conocer que la tristeza muchas veces se disfraza de furia para manifestarse y tras esos berrinches o malas caras y modos puede estarse escondiendo un muchachito profundamente herido que solicita atención y apapacho. Actúa su enojo porque las lágrimas no quieren salir.

Cuando extrañemos mucho a un ser querido que se fue, vayamos al espejo y miremos nuestro reflejo. Ahí está en nosotros. Tenemos mucho más de él o ella de lo que imaginamos. Lo mejor de la relación lo integramos a nuestro ser para poder seguir adelante; por eso no "superamos" una pérdida, la aceptamos para, sin dividirnos, no quedarnos con el corazón roto, sino para permitirle latir a toda marcha de nuevo.

Te vas y ya no puedo verte, no puedo escucharte,
no te siento; pero en cada situación
que la vida me presenta y tengo que hacer
una elección, tú resuenas dentro de mí,
ahí me doy cuenta: te llevo conmigo.

La pérdida de la pareja

Varios autores coinciden en que después de la pérdida de la propia vida, (cuando sabes que vas a morir porque tienes el diagnóstico de una enfermedad terminal), la peor de todas las ausencias es la de la buena pareja. Es un trauma psicológico grave. En cambio, la de la mala pareja viene a ser casi una liberación y es por ello que vemos viudas y viudos (término que significa "vacío"), que parecen retomar sus vidas con nuevos bríos porque se han quitado el yugo que les impedía desenvolverse en libertad.

Buena pareja se denomina a aquella persona que verdaderamente está con nosotros en las buenas y en las malas, en la salud y en la enfermedad, en la abundancia y en la pobreza. Es la persona que comparte con nosotros la responsabilidad de los hijos, sus enfermedades, las llegadas tarde y los permisos.

La buena pareja es nuestro compañero o compañera de trayecto, cómplice, parte de nuestro proyecto de vida. Es también aquel con quien discuto, me enojo y me reconcilio, río y lloro. Es sin duda una parte de uno mismo, generalmente la parte donde más emociones invertimos y esperanzas depositamos. Es a quien amamos y nuestra pareja sexual.

Desde muy jóvenes nos creamos una imagen ideal sobre lo que va a ser nuestra vida en pareja. Ya de adultos debemos tener como meta crear un mapa apegado a la realidad. Si consideras que tú sabes ser una buena pareja te pregunto: ¿podrías responder sin problema a estos cuestionamientos?

- Nombra dos sucesos recientes, importantes en la vida de tu pareja.
- Lo que mi pareja espera con ilusión es...
- ¿Cuáles son las preocupaciones actuales de tu pareja?
- ¿Cuáles son las esperanzas y aspiraciones de tu pareja?

El amor se fomenta y se cultiva con admiración, por ello es muy importante decirnos con frecuencia: "Yo admiro de ti que eres…" (aunque sean características que hayas visto en pocas ocasiones).

Cuando muere un cónyuge todos los sueños que se compartieron, la cercanía emocional, los años de vida juntos, deben convertirse en recuerdos.

La pérdida de alguien tan fundamental e íntimamente importante como tu esposa o tu marido, te lastimará profundamente y te dolerá por mucho tiempo. No estarás listo para comenzar una nueva relación sana antes de dos años.

La muerte es el final de su historia de amor y la aceptación de esta realidad es uno de los ajustes más difíciles y dolorosos que deberás realizar en toda tu vida.

En nuestra sociedad mexicana muchas cosas están orientadas a vida de pareja, se te conoce como la esposa o el esposo de..., se reciben siempre dos boletos en las invitaciones de boda, graduaciones y otros eventos que serían ideales para conocer a alguien pero ya te es requerido que tú lo lleves. Cuesta trabajo adaptarse a las cenas de pareja sin aquella persona que antes te acompañaba, a las salidas en números pares y a que de pronto alguien que vuelve a ser "soltero" sea visto como una posible amenaza desestabilizadora para las parejas que solían reunirse en grupo.

Todo esto nos genera un gran dolor pero si te preguntara ahora, a la luz de lo que ha pasado, si hubieras preferido no conocer a esa persona especial para no padecer tanto su ausencia, creo que tu respuesta sería que no. Haberla conocido y estar a su lado el tiempo que haya durado bien vale la pena lo que ahora sufres: si este es el precio por haber amado, lo pagamos sin duda.

Amar es un riesgo, al igual que vivir

Una vez más si se tenía conocimiento de una enfermedad o padecimiento que pusiera en peligro su vida, tal vez ya hayas procesado un poco la probable pérdida y te cueste menos trabajo adaptarte a la situación, pues posiblemente la muerte llega como una liberación a un sufrimiento prolongado; pero si la muerte fue repentina el impacto es muy fuerte.

Cuidar a un enfermo con demandas físicas y emocionales es muy cansado pero al menos nos deja con la satisfacción del deber cumplido y da oportunidad de cercanía y espacio para platicar asuntos pendientes. Es desgastante pero es un periodo de advertencia previo al suceso que puede ser usado a nuestro favor. De todas formas cuando llega el momento del deceso hay mucha conmoción y recibimos un golpe de realidad muy severo.

La muerte que llega de pronto, violenta o no pero repentina, requiere de más tiempo para acomodar pensamientos y emociones. Todo el primer año del duelo se vive intensamente como con un dolor agudo que parece que nunca cesará. El segundo año comenzarás la reconstrucción de tu vida, nuevas amistades y actividades, y poco a poco irás estableciendo una rutina que te haga sentir seguro.

Tente paciencia y consideración, son muchos asuntos de vida cotidiana por resolver y eso te mantendrá ocupado. Después vendrán días de mucha calma y también te darán miedo, pero si aprendes a vivir tu vida un día a la vez, solo por hoy, como se dice en Alcohólicos Anónimos, bajarás tu angustia e irás dando solución a lo que vaya presentándose.

La confusión que sientes es parte del proceso natural. Duele pero es porque te mueves de lo que te es conocido y te estás preparando para la reconstrucción. El dolor es prueba de vida.

No te vuelvas retraído o inalcanzable, pues los hijos te necesitarán para elaborar su duelo personal.

La doctora Nancy O'Connor, psicóloga clínica, directora del centro Grief and Loss de Tucson, Arizona, y autora del libro *Déjalos ir con amor,* nos dice al respecto:

El contacto físico también es un medio
de comunicación; si quieres un abrazo, pídelo.
La consecuencia de no pedir lo que quieres consiste
en que puedes adoptar una actitud ya sea pasiva
y manipuladora, o agresiva y enojada; la primera
es oculta y encubierta, la segunda es abiertamente
hostil y evidente, ninguna de las dos es efectiva.

A la larga, la gente reconoce tus métodos
y en lugar de acercarse y apoyarte te elude.
En la vida el retraimiento produce más dolor,
pena y desilusión que la franqueza,
y aunque no hay duda de que esta franqueza
es riesgosa, rápidamente descubrirás
con quienes cuentas verdaderamente.
Si alguien quiere criticarte encontrará el motivo,
los amigos vienen a verte a ti, no a tu casa, los
enemigos vienen a ver tu casa no a ti.

La misión aquí es valerte por ti mismo, ponerte en pie y empezar a sentirte cómodo en tu piel otra vez. Sí es posible, toma tiempo y mucho esfuerzo pero aunque roto, hay un corazón que late en tu pecho y no estás llamado a estar solo o lamentarte toda tu vida. Más que maldecir el no tener a tu pareja, puedes bendecir el que haya estado en tu vida.

La historia de Aarón

Cathy fue una gran esposa, tuvimos 20 años muy buenos de matrimonio y conste que cuento en ellos los últimos dos que ella estuvo enferma. Fibrosis quística, una pesadilla. Dentro de unos días cumplo un año de viudez. Odio esa palabra. Ya he tenido algunas citas y todos mis amigos parecen más preocupados por encontrarme pareja que yo por tenerla. La verdad me siento muy desubicado. Cathy construyó conmigo lo que ahora tengo, me asusta pensar que alguna mujer se acerque a mí solamente por interés. Ya no sé tener una cita o cortejar a alguien. Más bien ellas hacen todo el trabajo. Me pregunto si alguna vez volveré a enamorarme o al menos a sentirme a gusto junto a alguna persona. Es horrible tener que decir algo todo el tiempo, los silencios son incómodos. Lo peor son los fines de semana, el trabajo ayuda y el gimnasio también, los cuates a veces y aunque no tuvimos hijos siento una gran responsabilidad de continuar lo que iniciamos juntos. La casa, los negocios, la vida… Anhelo amor y apoyo. Mi lucha diaria es no llegar a tomarme esa "cubita" que tanto se me antoja y que me relaja: también tengo miedo de que el alcohol se convierta en mi única compañía.

Rompimientos, separación o divorcio

La tanatología es aplicable no únicamente cuando hay una muerte presente o inminente, también se aplica para pérdidas significativas, como los rompimientos de pareja, separaciones o divorcios.

Para los más jóvenes de la familia estos procesos destruyen la vida como la conocían, sin que nadie les haya preguntado nada: su rutina, su estructura y muchas veces su seguridad. Sienten que se convierten en moneda de cambio o en un bien preciado que dos adultos parecen disputarse, sin consideración por sus sentimientos.

Es conveniente que ante estas situaciones y considerando las características específicas de cada caso, se consulte a una psicóloga educativa para que los oriente en el mejor manejo de la situación.

Un hijo puede sobrevivir perfectamente a la separación de sus padres; puede incluso comenzar a ver las ventajas de ello si cesan los pleitos y gritos. Pero es indudable que un divorcio saca a veces lo peor de nosotros y en el camino de ganar un pleito muchas veces emocionalmente perdemos a los hijos, que se quedan muy dolidos y resentidos por lo sucedido.

No es como con la muerte, en la cual él o ella me dejaron, sin que ese fuera su propósito (salvo en el

caso de suicidio, que debe tener un manejo totalmente diferente); aquí sí había voluntad de separación de una pareja y un hijo lo asume como "Me
dejaste" o "No fui lo suficientemente bueno para
que tú quisieras quedarte".

Lo importante es adquirir nuevas herramientas
para enfrentar estas situaciones amenazantes. Si los
recursos que tenía antes ya no me sirven debo pedir ayuda.

No estamos atrapados, pero debemos decirle sí
a la vida bajo cualquier circunstancia.

Cuando se separan o divorcian los padres sucede lo siguiente:

- Los que siguen viviendo en la casa paterna se
  enfrentan a un trauma asolador: vivir el "Ya
  no estás aquí".
- Tienen enormes presiones.
- Se deben tomar decisiones importantes.
- Se ven presas de violentas emociones.

La mayoría de nosotros desconocemos lo que es
el duelo hasta que lo experimentamos en carne propia. Aunque hayamos tenido amigos cuyos padres se divorciaron y crecimos muchos años con el
miedo a que esto sucediera, cuando finalmente ocurre, entonces caémos en cuenta de cuánto ha cam-

biado nuestra vida. Ya no es *su* problema, ahora también es el mío, es una herida.

El duelo son todos los sentimientos, reacciones y cambios que ocurren durante el proceso de cicatrización de esta herida, una herida psicológica seria y dolorosa.

Al igual que cualquier lesión en el cuerpo, la curación requiere cuidado tierno, amoroso, serenidad y tiempo.

Debemos repetirnos con frecuencia que no hay nada que hubiéramos podido hacer o dejar de hacer para cambiar lo ocurrido. "Hice lo mejor que pude con los recursos que tenía y las circunstancias a mi alrededor; hoy lo haría mejor porque he crecido."

Los siguientes puntos pueden ayudarnos a enfrentar estas situaciones:

- La separación de un ser querido nos obliga a confrontar el verdadero significado de la vida y debemos buscar el ser felices.

- Parecerá insoportablemente doloroso, pero también es una oportunidad para conocernos más a nosotros mismos.

- No hay prisa para deshacernos de los recuerdos, ropa o pertenencias personales. No tratemos de evitar fotografías, videos o de redecorar todo. El dolor está dentro de nosotros y lo llevaremos a donde vayamos.

- Recordemos a la persona en forma realista, con defectos y virtudes; no idealicemos ni caigamos en una melancolía añorando todo tiempo pasado.

- Necesitamos hablar, llorar, enojarnos y reír durante esta época de dolor y angustia.

- Él o ella hubiera deseado que su muerte o separación nos llevara a VIVIR y no a dejar pasar nuestra existencia.

La historia de Victoria

Victoria tiene 10 años. Sus padres se están separando y este proceso está tomando más tiempo de lo que ella imaginaba. Las cosas no se definen. Las reglas cambian diariamente, así como quién la recogerá del colegio, dónde dormirá y si podrá o no ir a la fiesta de su amiga dentro de 15 días. La incertidumbre, la pérdida de su rutina y de la vida como ella la conocía la tienen sumamente enojada.

Dialogar con ella y ganarme su confianza no fue fácil. Ella sentía que referirse a lo que pasaba era hablar mal de sus papás y eso le hacía mucho ruido. Yo le expliqué que no se trataba de criticar o juzgar a sus papás, pero que ella necesitaba externar sus miedos y enojo para que los dejáramos salir en formas que la impulsaran y no que la frenaran para alcanzar sus metas. Hablamos de lo difícil que era concentrarse en el colegio con todo esto y trabajamos algunas sugerencias al respecto. Revisamos los procesos de comunicación que había en su familia y cómo, partiendo de éstos, podíamos mejorarlos. Siempre que una puerta se cierra hay ventanas que se abren, así que asomémonos por ellas para lograr nuestros objetivos. La tranquilicé respecto al amor de sus padres hacia ella y le hice ver que esto no pasó porque ella no fuera una buena hija y que su padre no se estaba divorciando *de ella* ni tampoco la había engañado *a ella*.

Esta consejería va de la mano con un trabajo con los padres, para que estén al pendiente de cómo sus conductas afectan a terceros y traten de hacer las cosas lo mejor posible dentro de las circunstancias. A veces, el enojo nos ciega y nos convertimos en una ola que lo arrastra todo. Un *coach* de vida nos ayuda a seguir mirando el faro a través de la niebla. A los niños y jóvenes hay que asegurarles que, aunque las cosas han cambiado, siempre tendrán alguien que cuide de ellos, sus necesidades de todo tipo serán cubiertas y no estarán solos. Así, el nivel de angustia baja y podemos empezar a fluir con lo que está pasando. A mayor resistencia, mayor sufrimiento.

Desde otra perspectiva en el asunto de las separaciones, leamos la historia de Daniel y procuremos descubrir entre líneas la decepción, frustración y profunda tristeza que el fin de un proyecto que considerábamos "para toda la vida" nos produce.

La historia de Daniel

Clara era una chava súper divertida. Dice que yo la engañé porque me vendía ante ella como millonario y despreocupado, y soy preocupón y pobre. Ya nada le parece de mí. Todo lo que digo me lo toma a mal y no importa cuánto me esfuerce: no logro hacerla feliz.

Mis cuates me dicen que esto se veía venir desde el principio, pero yo no lo noté, se los juro. Me casé con toda la ilusión deseando que esto fuera para siempre. Al principio, no se los voy a negar, me dio miedo pensar que ella sería ahora la única chava con la que iba a tener relaciones, pero luego me hice a la idea y no me ha costado nada de trabajo cumplirlo. Yo la amo.

Ella está harta de lo que somos juntos, de que no viajemos como sus amigas ni le haga regalos caros como ella esperaría. Yo me esfuerzo pero está muy difícil hoy en día ser un proveedor de esos de antes, que sus mujeres ni trabajaban. Todo lo que gano se va en la casa y eso no lo valora.

Ella tiene sus cosas y yo las mías, ella sus amigas, yo mis cuates, y hoy que me pidió un tiempo para pensar y decidir si quiere o no seguir conmigo, pienso que no hay un nosotros.

De verdad, tengo el corazón roto.

Profundizar un poco acerca de lo que es el matrimonio y cuáles son las trampas en las que podemos caer dentro de la pareja puede ayudarnos a prevenir estas dolorosas pérdidas.

El matrimonio es una institución creada para la sana convivencia y el desarrollo de todas las potencialidades del ser humano. Es un ámbito en el que la persona puede alcanzar su máximo grado de plenitud, pero no es una meta, es un camino.

El sendero del encuentro requiere de una labor constante, de tiempo, convivencia, afecto, presencia, comunicación y buen humor.

Hay varias trampas en las que podemos caer sin darnos cuenta y que constituyen en sí mismas la tumba del amor:

1.
   Caer en la codependencia. El codependiente no ama: necesita, reclama y depende.

2.
   Convivir con alguien que crea que soy imprescindible en su vida.

3.
   Intentar transformarme en una necesidad para el otro.

4.
   Buscar que me tengas lástima.

5.

6. Tratar de que me tengas miedo.
   Luchar por el poder.
7.
   Lograr que me odies.

Un tanatólogo sabe reconocer un cadáver cuando lo ve; las relaciones pueden serlo. Es más, pueden ya hasta oler mal y los que estamos dentro de ellas no nos damos cuenta.

Hay dos grandes grupos de parejas: aquel donde ambos integrantes quieren haber sido elegidos una vez y para siempre, y aquel en el que les gusta ser elegidos todos los días, estar en una unión donde el otro siga sintiendo que te vuelve a elegir; no por las mismas razones tal vez, pero opta por ti.

Siempre estamos decidiendo cada cosa que hacemos y también cada cosa que dejamos de hacer, aun cuando creamos que no elegimos: "No tuve otro remedio...", "Yo no soy responsable de esto...", "No tenía otra opción...".

Lo sepas de antemano o no, siempre hay un precio que pagar. Por eso el matrimonio es la cuna de la negociación. Podemos no coincidir, pero hay que saber ponernos de acuerdo.

El amor por los otros se genera y se nutre todos los días, pero empieza por el amor hacia uno mismo.

Infidelidades

Tomar decisiones. Recuperarse del dolor. La infidelidad puede ser devastadora para un matrimonio, por lo que es importante resolver la crisis y reconstruir la relación cuando sea posible.

La primera decisión para lograr esto es trabajar en una terapia. No todo el mundo puede acceder a una terapia de pareja, ya sea por el costo o porque alguno de los dos miembros del matrimonio no cree en el trabajo terapéutico. Los libros son de gran ayuda, pero también lo es el trabajo interior que realicemos acerca del perdón.

Perdonar es una decisión, es ir más allá de los límites de nuestra personalidad y buscar en nuestro interior la necesidad de volver a un estado de paz. Y es que perdonar tiene más que ver conmigo que con el otro. Tal vez lo que la otra persona me hizo es imperdonable, pero yo merezco perdonar. Este hecho es un regalo de paz que me doy a mí mismo y no significa que por ello tenga que haber una reconciliación total con la persona ni una restauración de la relación. Significa única y exclusivamente que ya no lo voy cargando.

Dicen por ahí que el no perdonar es como tomarse un veneno, esperando que le haga daño a otra persona o sostener un carbón ardiente aguardando el momento en que el otro pase por enfrente para poder arrojárselo. ¿Quién se quema? ¿Quién sale más lastimado?

El perdón es una cuestión de inteligencia y de prevención médica. Está comprobado que el no perdonar se encuentra vinculado con muchos padecimientos físicos. Es una energía muy negativa que el cuerpo no sabe dónde colocarla y la puede somatizar en una gastritis, colitis o hasta un cáncer. Así pues, no solo por inteligencia, sino hasta por prevención debemos perdonar.

Repito que esta acción no implica reconciliación ni tampoco aceptar que el otro tenía la razón, porque visto así no podríamos perdonar nunca.

Esta situación entra en el campo de la tanatología porque conlleva muchas pérdidas: la confianza, la estabilidad, la familia nuclear como se conocía, etcétera.

La actitud social ha cambiado drásticamente en los últimos 45 años y estos cambios afectan la vida familiar y el matrimonio de manera muy profunda. Estudios recientes muestran que entre 44 y 50% de los hombres en México han tenido una aventura amorosa y 25% de las mujeres también. Estos indicadores pueden estar a la alza.

El sexo extramarital juega un papel determinante en la disolución de muchos matrimonios.

La infidelidad, resulte en divorcio o en reconciliación, causa la destrucción de la seguridad, la paz mental y la autoestima de los miembros de la familia.

Si existe un fuerte lazo emocional entre tu pareja y un compañero(a) de trabajo o amigo(a), esto es destructivo para tu matrimonio, porque se le está dando más tiempo, energía y atención a alguien fuera del matrimonio. La amistad entre hombre y mujer es muy válida y debe defenderse, pero no se debe jamás cruzar esa delgada línea de lo físico porque entonces todo empieza a confundirse.

Ocultar cosas crea una barrera entre los esposos; y si compartes información íntima con otra persona, la relación primaria es amenazada.

Sí se puede recuperar una pareja de una infidelidad. Se requiere un proceso, tiempo y actos concretos para restablecer la confianza. Lo importante es decidir si nos quedamos o nos vamos de esta relación. Pero si nos quedamos es para volver a creer, no para recordarle al otro que se equivocó y con ello asegurar la decepción y el enojo en nuestras vidas.

Les comparto el caso de Pamela:

El caso de Pamela

Una exitosa mujer del mundo de los grandes almacenes, ejecutiva, trabajo de tiempo completo y una carrera en ascendencia. Casada desde hace 25 años con un editor, con quien tiene dos hijas.

Mientras la carrera de ella va a la alza, él ve cada día más mermada su situación financiera. Su negocio propio parece que va a cerrar y empieza a verse confrontado con que es ella quien lleva más dinero a casa, tiene más compromisos y motivos profesionales de satisfacción. Él, de 49 años, empieza a sentir su autoestima lastimada y cede a los coqueteos de una empleada suya, una muchacha joven para quien Pedro es la persona más admirable que conoce.

Todo empieza por simples coqueteos. Luego un poquito más de temas personales en el trabajo. Después intercambio de mensajitos donde parecen jugar a un estira y afloje de la moral. Ella se encarga de dejarle claro que nunca antes ha hecho algo así con otro hombre, que él está casado y ella no quiere causar daño, etcétera. Cuando él se encuentra convencido de que ella es una buena persona y de que esto no será una verdadera amenaza para su estabilidad familiar, decide llevar la situación a un plano de encuentros clandestinos y ausencias de casa.

Pamela lo nota, lo siente y algo sospecha. Hace sus investigaciones con la secretaria de su marido y coteja estados de cuenta de las tarjetas de crédito. La prueba ahí está. El dolor es inmenso. Antes de hablar con él, consulta con una amiga y con su sacerdote. Toma una decisión fundamental: aún lo ama y no quiere perder una relación de tantos años, una biografía compartida. También decide que no quiere ser una mujer divorciada, que él ha sido un buen padre y proveedor hasta ahora, y es un hombre por el que se merece luchar.

Al ser confrontado, él lo niega todo. Continúa así hasta que con pruebas contundentes, como recibos de hoteles, camisas manchadas de maquillaje y mensajes en celular, no le queda otro camino que aceptar que esta nueva relación es algo incipiente y que él prefiere conservar a su familia y a su mujer. Se acercó a esta relación por las razones equivocadas.

Pamela también comprende que se ha alejado mucho de casa, que ha dejado de admirar a su marido y que juntos deben trabajar en la reconstrucción de su pareja.

Qué mérito tiene amar a alguien que es perfecto,
eso sería la respuesta lógica.
El mérito está en querer a alguien que se equivoca
pero que desea enmendar sus errores.
Un hospital no acepta solo personas que vayan
a sanar, ni una iglesia feligreses que no pequen nunca.
Cuando hemos sufrido la vida nos pone un escalón
arriba que el resto de las personas; pero no para
mirarlas hacia abajo sino para ayudarlas a subir.

La muerte de un hermano o amigo

La muerte de un hermano o amigo es un impacto terrible, porque se trata de alguien de tu edad o cercano a ella. Entonces caes en la cuenta de que no solo los mayores que tú pueden morir, tú también eres sujeto de muerte y pudiste haber sido tú.

Esto es todavía más fuerte de lo que parece en palabras. Al morir un amigo o hermano muere también parte de nuestra historia, de nuestra biografía. Perdemos para siempre la retroalimentación de alguien que vivió nuestro tiempo, pero con otros ojos.

En general, estas muertes suceden repentinamente o con poco tiempo de preparación. Lo primero que viene a la mente es cómo decirle a alguien que su hermano o amigo ha muerto.

A continuación doy algunos conceptos al respecto, ya que es fundamental el tacto para poner las bases de lo que será un trabajo de duelo.

1. Hágalo de una manera amorosa, lenta y suavemente, usando palabras simples y honestas. No tenga miedo de usar la palabra *muerte* o *murió*. De preferencia siéntense en algún lugar y haga contacto físico con la persona, ya sea con un abrazo o simplemente tomándolo de la mano. Nunca dé estas noticias por teléfono.

2. Evite los eufemismos de *muerte* como "Nos lo quitaron", "Se ha ido", "Pasó a mejor vida" o "Ya está en un lugar mejor". Todo esto solo activa la imaginación e incrementa la sensación de abandono e incomprensión.

3. Si preguntan: "¿Por qué?", "¿Por qué murió?", "¿Por qué se enfermó?", es válido decir que nosotros nos lo preguntamos también, pero no hay respuesta. La muerte es algo natural que nos ocurre a todos, aunque llegue de maneras poco naturales o previstas. Hay cosas sobre las que tenemos control y otras sobre las que no; la muerte es una de ellas.

4. Hablar de la muerte en términos religiosos dependerá únicamente de qué tanto se ha educado en religión a esa persona, depende de cada familia. Pero si no se ha trabajado la fe, el momento de la pérdida no debe marcar el inicio de una formación religiosa, ya que puede confundir más. "Tu hermano es ahora un angelito que te cuida desde el cielo", "A tu amigo se lo llevó Dios para que le ayude en el cielo", son frases que pueden alimentar el desconcierto y el enojo: "¡Yo no quiero un ángel en el cielo, yo lo necesito aquí conmigo!".

5. Algunos padres o parientes se preguntan si dañará al joven o al niño verlos llorar a ellos y esto no es así. La mejor manera como un niño aprende a expresar lo que siente es por imitación. Si tú lloras, le otorgas permiso de llorar y estar triste. Debemos hacer énfasis en que todos los sentimientos son válidos, pero no todas las conductas son permitidas. Si los adultos niegan sus sentimientos, los niños aprenden a hacerlo y esta no es una respuesta sana al proceso de duelo.

6. Nuestro miedo es estar nosotros mismos tan metidos en nuestro dolor, tal vez por la pérdida de un hijo, que no podamos estar ahí para atender las necesidades emocionales de los demás hijos. Cuando esta situación nos rebase, es tiempo de pedir ayuda para que nuestros otros hijos no tengan una doble pérdida. Aquí es importante recordar la política del buen cuidador: "Si yo estoy bien, la persona de la que tengo que hacerme cargo estará bien". No se descuiden, pidan ayuda profesional si así lo sienten; coman, duerman y formen una red de apoyo con otros miembros de la familia. Las cadenas de ayuda se rompen, las redes son mucho más resistentes.

Debe avisarse en el colegio o universidad, lo antes posible, que el joven o niño que atiende esa institución acaba de sufrir una pérdida importante. Esto con el fin de que monitoreen sus reacciones, no para que le condonen exámenes o responsabilidades, sino para que estén alertas de posibles aislamientos o síntomas de depresión. No se trata de tener una vigilancia persecutoria con ellos, sino una cercanía y escucha activa. La escuela no debe hacerlo público, pues los muchachos y chicas no quieren sentirse distintos a los demás, eso es algo que les preocupa. El ser señalados como "Mira, ese es al que se le murió la hermana" o frases como esa, los incomoda muchísimo. A criterio del doliente, él o ella sabrá a quiénes quiere contárselo.

Debemos reafirmarles que los pleitos que hayan tenido con quien murió no ocasionaron su muerte. La culpa, en estos casos, suele hacerse presente igual que los remordimientos por "no haberle prestado mis cosas" o "haberme peleado con ella". Debemos decirle que nada de esto es su culpa y una vez más, que no hay nada que hubiera podido hacer para evitarlo. Este es el manejo correcto de la culpa que pueda sentir. Seamos pacientes, tal vez haya regresiones, rabietas y malos humores.

8. También habrá momentos en que estén muy bien jugando o divirtiéndose, porque verdaderamente necesitan eso. Jugar y reír es terapéutico, les da la oportunidad de tomarse un descanso del sufrimiento y pueden expresar sus sentimientos a su propio modo, liberando ansiedad y estrés.

Lo más importante de recordar es que debemos estar ahí para ellos, ser honestos y amarlos mucho. En México decimos un refrán: "Lo que no te mata, te hace más fuerte", y si le inyectamos una buena dosis de comprensión y cariño, también te hace más empático y te llena de sabiduría.

Existe una situación que se llama la *culpa del sobreviviente* y no se refiere nada más a quien iba a bordo de un automóvil que sufre un siniestro y sale ileso, mientras otro muere en él. Ese puede ser un caso, pero también el hermano que sobrevive a otro siempre piensa si sus padres estarían sufriendo igual o más si el que hubiera muerto fuera él. Esto es normal y esperado; vemos sufrir tanto a nuestros padres que pensamos que no podría existir dolor mayor.

En nuestra enorme soberbia pensamos que tal vez hubiéramos podido evitar lo ocurrido. Si éramos el hermano o hermana mayor, sentimos todavía mayor responsabilidad. "Debí haberlo cuidado", nos repetimos, y si bien lo cuidamos y amamos siempre, aun cuando peleábamos, no hay nada que hubiéramos podido hacer para evitar lo ocurrido.

La historia de Darío

Darío es un muchacho preparatoriano de muy buen promedio, destacado en música, comprometido con actividades escolares y rodeado de un buen grupo de amigos. Su hermano menor murió en un accidente en una fiesta infantil. El golpe fue tremendo. Él mismo muchas veces cuidaba de su hermano, mientras sus padres trabajaban. No así en esa ocasión, pero él no dejaba de cuestionarse si debía haber impedido que fuera a la fiesta, ir con él, y así en su mente repasaba una y mil veces escenarios posibles de cómo podría haber logrado que el desenlace fuera distinto. Algo parecía estar muy equivocado con la vida, su hermanito tenía tan solo nueve añitos y era la alegría de la casa.

El trabajo tanatológico aquí consistió en darle un espacio donde pudiera expresar lo que sentía. Estaba tan preocupado por el dolor de sus padres que temía hacer un comentario fuera de lugar o decir alguna cosa que aumentara su sufrimiento. Él siempre había sido tan perfecto y sus padres esperaban tanto de él que ahora se sentía abrumado inconscientemente por, tal vez, no poder estar a la altura de las circunstancias y dar la respuesta y actitud que se esperaba de él. Estaba sufriendo enormemente. Además de ese espacio de expresión, trabajamos la idea de destino, de accidentes y de cómo nadie en verdad era culpable de lo ocurrido. Podía haber responsabilidad repartida entre varios adultos, pero culpa no. Quedarse atorado en el enojo era la solución más fácil. Seguir con su vida y cumplir su propio destino era lo que se vislumbraba cuesta arriba.

El camino fue: expresar sus emociones, despedirse de su hermano por medio de cartas, rendirle tributo ofreciéndole mentalmente cada logro y triunfo, canalizar su enojo hacia una fuerza creativa que él podía sacar a través de la música o el deporte, en lugar de refugiarse como muchos otros adolescentes en fiestas y alcohol.

Mostrarle respeto, no llegar como el experto frente a un paciente, sino pensar que estamos tocando el territorio sagrado que es la vida de alguien más y aprender juntos el camino de las lágrimas: esa es la maravilla de mi profesión.

Ante la muerte de una hermana, amiga o en ocasiones primos tan cercanos que son como hermanos extendidos, siempre prevalece un estado de confusión y desorientación. "No sé qué hacer sin él o ella", "No sé cómo redireccionar mi vida", "¿Qué debo hacer?".

La vida se abre paso poco a poco. Lo importante es seguir andando, ir un día a la vez y expresar lo que estamos sintiendo. Esto va a pasar, no se olvidará, pero dejará de ser un dolor tan intenso para convertirse en una cicatriz de piel delgada, sensible, pero que ya no sangre como ahora.

Debemos vivir para realizar nuestras propias metas, no para concluir las que nuestro hermano o hermana comenzaron. No heredemos responsabilidades impropias, con nuestra existencia es más que suficiente y, claro, nuestro amor por el que se fue prevalece. La muerte acaba con la vida de una persona, pero no con lo que sentimos por ella.

Es importante recordar a quien se fue como ser humano, es decir, con defectos y virtudes. No ponerlo en un pedestal y encenderle veladoras. Si lo hacemos así, cada vez que recordemos algún pleito que hayamos tenido con él o ella, inevitablemente habremos sido nosotros los culpables.

De por sí la vida de hermanos es una constante lucha por el espacio, el amor de los padres, el lugar en la familia, etcétera. Si es difícil llevar esta batalla con un hermano carismático, guapo e inteligente, imagínense lo que es competir con un hermano de estas características pero muerto. Imposible igualarlo. Por eso debemos entender que las comparaciones y debates han terminado; te llevo conmigo, hermano, y todo lo que haga a partir de ahora será para los dos. Te comparto mi vida, la vivimos ambos.

La amistad es un lazo fraterno muy fuerte, el final de ella por una traición, una mentira o un reclamo a destiempo también duele enormemente. Muere el *nosotros* para fortalecer el *yo mismo*.

Son pérdidas que bien manejadas me ayudan a entender que en realidad solo necesito una persona para seguir viviendo: yo mismo. Sin mí, mi vida no es posible.

Ante la discapacidad

El manejo de la discapacidad en nuestro país es algo todavía muy endeble. Si bien es cierto que hemos tenido avances, en materia de educación nos hace falta trabajar mucho en el tema.

Sufrir en carne propia una discapacidad por una enfermedad o accidente es un golpe muy severo. Muchas personas dicen que preferirían estar muertas que en las condiciones en las que están, pero debemos reconocer que ahí es el miedo quien está tomando las riendas del asunto. El miedo es bueno como copiloto, nos impide hacer locuras o reaccionar sin medir consecuencias, pero cuando le permitimos sentarse al volante de nuestra vida, lo más probable es que no avancemos. El miedo paraliza.

La discapacidad habla de todo un mundo desconocido, una avalancha de sentimientos y tener que lidiar con todos ellos.

Se trate de nuestra propia discapacidad o la de alguien que amamos, tenemos que jugar con las siguientes barajas: autoconmiseración, lástima, enojo, piedad, esperanza, tristeza y fantasía. No es una ecuación fácil, pero una vez más debemos decirle que sí a la vida e irla recorriendo un paso a la vez.

Cuando manejamos un auto por una carretera de noche, no podemos ver todo el camino que habremos de recorrer. Son los faros de nuestro vehículo los que nos van indicando los siguientes 50 metros a transitar. Lo mismo en la vida: es nuestra actitud la que nos va alumbrando poco a poco la senda por andar.

Podemos descubrirnos repitiendo una misma oración: "Si tan solo no...". El hubiera es un camino doloroso, no vale la pena ir por ahí. Es como bordar en el espacio, trabajo estéril, sin sentido.

Quizá estemos culpándonos de lo ocurrido y esa rabia vuelta hacia nosotros solo nos hará caer en una depresión. Finalmente, lo que nos impide llegar a la aceptación es que quisiéramos que las cosas fueran distintas de como son. Llegar a términos con la realidad sin perder esperanzas es sumamente importante.

Necesitaremos reafirmar cosas acerca de nuestro futuro: quién estará con nosotros, cómo vamos a solucionar cosas sencillas de la vida diaria, el aspecto económico y los gastos.

Vamos a requerir también respuestas sobre lo que nos está ocurriendo en nuestro cuerpo o en el de nuestro ser querido: hechos médicos, pronósticos y diagnósticos certeros. Nos inquietará si nuestro papel en la familia ha cambiado debido a lo ocurrido.

Surgirán muchas preguntas y cuestionamientos religiosos: "¿Por qué Dios permite estas cosas?" Y para ello sería ideal consultar a un sacerdote, rabino, pastor o, según sea el caso, un consejero espiritual que dé respuesta a estos cuestionamientos. Recordemos que la tanatología es una ayuda interdisciplinaria que hace equipo con muchas personas para sacar adelante a un paciente. Se auxilia de la familia, el consejero espiritual, amigos, médicos, psicólogos, trabajadores sociales y redes de apoyo en general.

Ha surgido ahora la palabra *espiritualidad* y quiero hacer un alto para redondear el término.

En un momento de la vida, bajo circunstancias especiales, llegamos a una cita que ya teníamos con la espiritualidad. Tal vez hemos estado muy ocupados estudiando o trabajando y ni siquiera habíamos pensado en ella; pero ahí estaba aguardándonos.

La espiritualidad antecede a las religiones. No significa darnos golpes de pecho ni decir "Por mi culpa, por mi gran culpa". El mejor camino de espiritualidad es el que te ayuda a ser una mejor persona. Por eso es el camino más corto a la recuperación de una adicción: porque se convierte en la columna vertebral que sostiene la vida de una persona.

La discapacidad te obliga a un alto en el camino, te lleva a una angustia existencial y esta a establecer cambios y a asumirte como un ser libre, aun en las condiciones más precarias de movimiento.

La historia de Cielo

Mi hijo tiene solo ocho años. Se llama Benjamín. Mi Benjie. Perdió una manita en un accidente de lancha esquiando con su papá. Todo pasó tan rápido. Yo estuve ahí pero no pude hacer nada. La cuerda le apretaba su muñeca y aunque tratamos de quitársela no fue posible. Te lo cuento y lo estoy viendo, veo esa escena todas las noches. A veces cuando estamos contentos en familia la imagen de ese día me persigue. No me deja ser feliz.

Creo que como padres tenemos la obligación de cuidar a nuestros hijos, pero cuando algo les pasa nos sentimos responsables y asumimos que algo hicimos mal que no pudimos evitarles este sufrimiento. Aunque esto no es del todo cierto, las cosas malas pasan y lo importante es estar ahí para reaccionar a tiempo.

Él ha sido nuestro ejemplo. No hemos sido nosotros quienes lo hemos sacado adelante, es totalmente al revés. Él está de buenas. Me creerías que se despierta cantando y no le da pena que lo vean con su prótesis nueva que aún no sabe manejar muy bien.

Es un guerrero y nos está enseñando a todos a luchar con él. Hoy sé que la verdadera discapacidad la tenemos los otros, a los que nos asusta ser diferentes.

El cambio desestabiliza, pero requiere que estemos convencidos de que, por duras que sean las circunstancias y aunque sintamos desesperación, vamos a sobrevivir.

Trascender es ir más allá de la pérdida, reorganizar y redirigir tu vida de forma distinta.

Debemos luchar para que los cambios no nos limiten y nos hagan perder.

La mayoría de nosotros aceptamos con agrado los cambios en cosas materiales, pero rara vez aceptamos que el cuerpo es también materia y nosotros somos mucho más que eso.

Estos cambios amenazan la seguridad que nos dan las cosas comunes y familiares, y en ocasiones también nuestra autoestima.

Existen también las mutilaciones necesarias, en casos de gangrena o cáncer. Es muy doloroso perder una parte de nuestro cuerpo, pero la parte no es el todo y en pos de conservar la vida debemos dejar ir algunos apegos.

Es conveniente hacer un ritual de despedida, agradeciéndole a esa pierna o ese seno lo mucho que nos ha servido y expresar lo que nos duele desprendernos de él, pero que entendemos que hay un fin superior que a veces requiere de muchas renuncias intermedias.

Conviene, como lo he dicho, reafirmar nuestra autoestima y, para ello, aunque la pareja y la familia ayuden, debemos ser nuestro propio mejor amigo y cuidarnos mucho de que no ganen terreno los sentimientos de miedo al rechazo.

Yo soy = sentido de identidad.
Yo puedo = sentido de competencia.
Yo valgo = sentido de valía.
Yo merezco = sentido de felicidad.

Autoestima es saberse y quererse como uno es y no debe estar atada a una imagen de ser perfecto.

El verdadero autoconcepto aterrizado nos impulsa a alcanzar logros y nos permite experimentar satisfacción.

*Un accidente o un suceso puede cambiar
a la persona que amas. Si la manera en como luce
distrae tu corazón, concéntrate en sus ojos,
que como ventana del alma te dirán que su ser
está intacto y tu amor por él también.*

Enfrentando la propia muerte

Sin duda, la peor pérdida de todas es la de la propia vida; cuando uno sabe que va a morir.

Sé que esto es tema de debate, pues hay quien dice que la muerte de un hijo es lo peor que puede ocurrirnos, pero piensen: si yo sé que voy a morir, tengo que desprenderme no solamente de ese hijo que amo, también de mi pareja, de mis padres, de mis amigos, de la vida como la conozco y preocuparme también de si estaré dejando los lazos fortalecidos entre quienes me quieren para que se apoyen con el dolor de mi partida.

Es un trance muy difícil porque el cuerpo tiende a la vida, hasta en ocasiones cuando mi voluntad de vivir ha dejado de estar ahí. El reto en esta etapa de la vida es encontrar la paz, tener calidad de muerte y saber que con esta también estamos enseñando algo a los demás. Las lecciones continúan.

La tendencia es a encerrarse en uno mismo, a pensar que nadie puede entendernos y también tratar de no hablar de ello para no abrumar demasiado a los demás. La familia es un equipo y como tal debe comportarse en situaciones como esta. Si yo trato de cargar una pesada mesa hasta la puerta, puede ser que lo logre, empujando, agotándome, yendo más allá de mis fuerzas; pero si le pido a los demás miembros de mi familia que me ayuden, cada uno cargará una parte sin librar al otro de su compromiso, pero será más llevadero para todos. Una pena compartida es una pena aligerada.

Mientras seamos una familia, nadie estará solo. Es cierto que una parte de la enfermedad y de la muerte se vive en soledad; por más compañía que tengamos es un proceso de interiorización. Pero el abandono físico de un enfermo terminal por el simple hecho de que me resulte muy difícil estar ahí y verlo así, es imperdonable.

Es importante escoger un compañero de viaje, es decir, alguien que nos acompañe en todo este proceso; si no física, al menos emocionalmente. Alguien con quién hablar, decir lo que sentimos, externar nuestro enojo y preocupaciones. Alguien que no me robe la esperanza, pero que sí me ubique en realidades y me brinde soluciones prácticas.

Si alguien que conocemos tiene algún diagnóstico terminal y quiere hablar de sus disposiciones finales, dejémoslo expresarse y compartir. No lo interrumpamos porque esas conversaciones nos perturban. Aprendamos a decir adiós, con un abrazo, con un beso.

Lo que más adelante nos sacará del duelo es la satisfacción del deber cumplido, así que aprendamos que no es lo mismo estar con alguien que acompañar a alguien, lo cual implica una postura mucho más activa, creativa y servicial de nuestra parte.

La vida es una historia de despedidas. Luz nos cuenta la suya:

La historia de Luz

Tengo 65 años y dicen que voy a morir. Eso yo ya lo sabía, pero es genial con qué aplomo lo expresa el médico, como si fuera él quien sintiera estos dolores, quien se descubriera cada mañana con menos energía y con más ganas de volver a dormir.

Yo le pido a Dios que ya se acuerde de mí. Yo ya estoy lista, pero mis hijos no. Por ellos he aguantado tanto, por ellos intenté quimioterapia tras quimioterapia cuando algo dentro de mí decía que, lejos de mejorar, esto me estaba mermando fuerzas.

Pienso claro, eso sí, y por ello decidí dejar mis disposiciones finales. Nadie quiere hablar de eso conmigo, en cuanto me pongo seria todos salen corriendo o quieren que me duerma y no gaste fuerzas. ¿Para qué las guardo?, me pregunto yo.

Ya estuve triste, ya estuve enojada, ahora solo estoy cansada esperando que todo esto tenga un sentido.

Dudas tengo muchas, unas me las permito y otras no, porque van en contra de todo lo que me enseñaron mis propios padres y además no me conviene asegurar ahora si son verdad o mentira.

Ya no quiero comer y, aunque tengo mucha sed, casi no me pasa el agua. Es un proceso, dicen los expertos; un desastre, pienso yo.

Quiero ser recordada como alguien que amó la vida y que se quedó por curiosa tal vez, para ver qué se me deparaba hasta el último día. Los quiero mucho a todos.

Las personas temen demeritar su imagen frente a sus seres queridos y tampoco quieren preocuparlos; por eso disimulan su dolor.

El médico tiene la obligación de decirle al paciente la verdad de su condición, siempre y cuando él quiera saberla. Entre sus derechos como enfermo terminal está ese y otros más que conviene saber. Pueden consultarse por Internet bajo el título de "Derechos del enfermo terminal".

También existe un machote de últimas voluntades denominado "Testamento de vida" (*Living Will*, en inglés). Debemos ser capaces de tomar decisiones acerca de nuestro final y no ceder ese derecho a nuestros hijos o hermanos, pues esto acarrea muchos conflictos y distanciamientos en la familia.

Tan personal es el concepto de *muerte* como lo es el concepto de *vida*. Generalidades pueden hablarse acerca de ella, pero la verdad es que existen muchos factores que influyen en nuestra percepción de la *muerte*:

- **Sexo.** No quiero generalizar, pero las mujeres suelen lidiar mejor emocionalmente hablando con la muerte. Tal vez sea su misma capacidad de dar vida lo que las condiciona para entender el final de la misma.
- **Edad.** La muerte no nos dice lo mismo, según la edad en la que nos encontremos. Para los niños es algo reversible, casi casi "ya no quiero jugar a eso"; para los adolescentes, algo que le pasa a otros; para los adultos jóvenes, una remota posibilidad; para los adultos mayores, una certeza y, para los ancianos, muchas veces una liberación.
- **Nivel socioeconómico y cultural.** Entre más dinero tenemos, más lejos intentamos poner la muerte de nuestros hogares. No es que no nos alcance, pero la citamos en un hospital, en un velatorio o mausoleo. Ya es muy raro ver en las grandes ciudades un velorio en casa o simplemente que a un paciente se le deje morir en paz en su propia cama. Los hos-

pitales son lugares para ir a recuperar la salud, no son para morir en ellos, pues son fríos, no aceptan a los niños como visitas y nos alejan de todo lo que nos es familiar y amado.

- **Estado civil.** Cuando estoy soltero no pienso demasiado en el impacto que tendrá mi muerte en otros, pero al casarme ya no quisiera dejar sola a mi pareja enfrentar la vida que iniciamos juntos. Si hay hijos pienso en ellos y no quiero faltarles, así que a mayores lazos afectivos, mayor es la resistencia a dejar de estar con ellos.

- **Umbral del dolor.** Muchas veces no es miedo a la muerte lo que tenemos, es miedo al dolor. Si nuestro umbral del dolor es muy bajo, nos asusta pensar en las condiciones de la muerte.

- **Cambios físicos y psicológicos.** Ahora tal vez piense que quiero morir a los 101 años, pero conforme me vaya haciendo mayor y vaya padeciendo enfermedades y desgastes, quizá no piense lo mismo. Seguramente querré irme antes de que el deterioro sea absoluto, o deje de valerme por mí mismo.

- **Madurez personal.** Sé que cuando me vaya dejaré pendientes, pero si he vivido de manera consciente y madura, llegaré a ese día con la satisfacción del deber cumplido. Si por el contrario, pienso que he desperdiciado el tiempo, me costará mucho aceptar que no me son concedidos dos o tres años más para, ahora sí, poder hacer las cosas bien.

- **Periodo de advertencia previo al deceso**. Si yo sé que voy a morir, voy a pasar por las cinco etapas que antes mencionamos. Eso me da tiempo de despedirme, dar las gracias, perdonar y ser perdonado. Esto hace toda la diferencia en la paz y tranquilidad con la que pueda enfrentar lo que está por venir.

Hospitalizaciones y cirugías

Ambas están diseñadas para recuperar la salud, pero son situaciones en las que pareciera que nos quedan muy pocas cosas por elegir. Todo parece impuesto: los medicamentos, los horarios y las condiciones.

Muchas personas toman una actitud pasiva ante esto y eso es un error. Nosotros somos los actores principales de esta novela y nuestro papel debe ser protagónico. Yo decido con qué actitud me enfrento a esto que me pasa, no pude escoger que me pasara o no, pero sí qué postura tomo ante ello. Así se aplica la logoterapia en nuestras vidas. (Escuela del doctor Viktor E. Frankl).

Él estuvo en un campo de concentración; decidió que saldría vivo de ahí y sostuvo que quien tiene un *para qué* siempre encontrará un *cómo*.

Actitud correcta: Yo siempre tengo participación en las cirugías e internamientos. Yo puedo ayudar a controlar mi presión arterial y mi estado nervioso por medio de meditación, respiración y relajación. Puedo aliviar la tensión, manteniendo un buen ánimo y siendo positivo en todo momento. Debo externarle a los médicos mis preocupaciones y hacer equipo con ellos para lograr mi recuperación.

Siempre, ante las enfermedades, debemos hacer lo que hacen los alpinistas frente a una gran montaña: no pelees con ella, no la maldigas ni amenaces con dominarla, pídele que te ayude a subir, conquístala. Frente a una montaña y queriendo escalarla, los tibetanos oran y hacen equipo con ella, le piden que les vaya abriendo el camino.

En el caso de una enfermedad, estar peleados con nuestro cuerpo o identificarnos con un padecimiento que adquirimos es un riesgo muy grande. Yo no soy el cáncer que tengo, pero tampoco puedo tratar despectivamente a mis pulmones o hígado porque no responden como yo quisiera. Es importante tratar a nuestro cuerpo con respeto y cariño, darle sus tiempos y pedirle a la enfermedad que nos ayude a sanar, que nos permita descubrir caminos para cohabitar con ella mientras recuperamos la salud.

Escribir planas o repetir mantras nos ayuda a no darle cabida a los miedos y permitir que el pensamiento positivo reine sobre nuestro estado de ánimo. Por ejemplo, repetir: "Mis glóbulos blancos están aumentando, mis niveles llegan a cifras esperadas. Todo está bien."

Después de cirugías y hospitalizaciones, muchas veces queda un estrés postraumático debido a lo vivido en semanas pasadas. Conviene hablar mucho sobre la experiencia y sustituir en nuestra mente imágenes de dolor por otras que nosotros escojamos. En la vida siempre podemos elegir nuestra postura frente a las cosas y debemos poder ser dueños de nuestros pensamientos y no presas de ellos.

Un ejercicio de sustitución es proyectar en nuestra mente, con los ojos cerrados, esa escena dolorosa que hemos estado evadiendo y que por ello más nos persigue. Ver a detalle ese momento tan desgarrador y analizarlo. Luego tomar imaginariamente un bote de pintura blanca y una brocha e ir pintando sobre lo proyectado hasta dejar la pantalla totalmente en blanco. Una vez así, reflejar en ella el rostro del ser amado o propio sin dolor, sonriente, en paz. Esa es la imagen que yo escojo recordar. Cada vez que la mente quiera traerme de nuevo esa visión de dolor, debo pararla en seco y recordar el reflejo que yo seleccioné. Tendremos que hacerlo dos o tres veces y luego la mente, que es muy obediente, dejará de traernos esos recuerdos que hemos decidido eliminar.

La noche es especialmente difícil cuando uno está en un sanatorio o cuando regresa a casa de él. Parece que con ella vinieran todos los fantasmas y volviéramos a experimentar los sonidos y olores de un internamiento. Respiren profundamente, trátense con cariño y atenciones. No se presionen a estar emocionalmente bien enseguida. Sean su mejor amigo en esta etapa de sus vidas.

Mucho de nuestra identidad viene de nuestro aspecto, de nuestro físico y corporeidad. Lleguen a buenos términos con ella, no importa las modificaciones que hayan sufrido, ámense y respétense siempre.

Les comparto aquí un fragmento de la carta que Tanya valientemente escribió en una de estas oscuras noches de hospital:

 La carta de Tanya

Es de madrugada. Estoy enferma, en este hospital, en esta cama. Una persona de mi familia está dormida en una silla junto a mí. Tengo frío, pero no quiero despertarla para pedirle una cobija, porque en la noche se levantó muchas veces a ayudarme. Es de mi familia, la quiero mucho, me duele desvelarla. Sé que está dejando muchas otras cosas y perdiendo horas de sueño por estar conmigo y me da pena causarle molestias. A veces, cuando me pregunta si estoy mejor, le miento y le digo que sí. No quiero angustiarla más. Otras, siento que se desespera, se enoja, porque las cosas no están saliendo bien. Yo me enojo con ella por no tenerme paciencia, me enojo conmigo por no estar sana y me enojo con los doctores que no me pueden ayudar, que terminan sus horas de visita y se van a su casa, mientras yo me quedo aquí, en el silencio, solo interrumpido por los quejidos del paciente de junto, por la plática lejana de las enfermeras o por el zumbido de alguna alarma, ya sea la mía o la de mis vecinos.

Afuera escucho los coches que pasan o algún claxon lejano. El mundo sigue, sigue sin mí. Mientras tanto, este nuevo mundo que ahora es el mío y a la vez me es extraño, me exige muchas cosas. Hay tanto que no entiendo. Suena una de las alarmas junto a mí. ¿Será eso muy malo? Veo una burbujita que va bajando por el tubo del suero y se mete en mi cuerpo. Una vez alguien me dijo que si te entraba aire en el cuerpo te morías. Ojalá no sea cierto. De cualquier manera, lo sabré en unos minutos… No pasó nada. No me morí. Pero lo que sí pasa es que no me puedo dormir. Extraño mi almohada. Estas almohadas son duras, como que raspan y hacen ruido cada vez que me muevo, aunque sea un poco. Y yo que quiero dormir y no puedo, no puedo por más que lo intento. Quiero escuchar mi música, ver las fotos de mi buró; quiero regresar a casa, ver a mis hijos. Pero sobre todo, quiero que alguien me toque, pero con cariño.

Luego llegan dos enfermeras: una me toma la presión y la temperatura, y otra revisa las soluciones y me pregunta en voz tan alta que la podría escuchar mi vecino de cuarto: "¿Alguna molestia para orinar? ¿Ha tenido gases?" A mí se me cae la cara de vergüenza, pero ellas no lo notan. Aprovecho para pedirle una cobija para el frío. Me cuesta trabajo articular las palabras, pero me esfuerzo y lo logro. Anota todo en su hojita y se va con cara de gente ocupada y profesional. Sin embargo, pasa el tiempo y nadie me trae nada. Si estuviera sana, iría yo misma por mi cobijita. Pero no puedo. Siento enojo, impotencia, quisiera gritarles que soy, que siento, que existo. Pero luego pienso en estas mujeres, las enfermeras, con su uniforme impecable, cuidando su cofia y su chongo para verse siempre limpias y pulcras, y me pregunto cuántas historias no tendrán ellas en su corazón. Me imagino el cansancio y la rutina que han de vivir y que a veces las obliga a deshumanizarse, porque no saben dónde poner todo el dolor que les trae encariñarse con un paciente que luego ya no estará nunca.

Ya se fueron todos y tengo un poco de tiempo de paz para pensar. Veo mis manos, están moradas por los piquetes que me dieron ayer, las siento entumidas y me cuesta trabajo extender los dedos. Con estas manos estudié mi carrera, he peinado a mis hijas mil veces, he tocado el piano desde los seis años y he pintado mis mejores cuadros. La mayoría de ellos está en las casas de la gente que quiero. Hoy, hay días en que me cuesta trabajo sostener un lápiz, se me caen las cosas y aquí en el hospital me dan de comer en la boca porque me tiro toda la sopa en la bata. Hay días que no puedo sostener la cabeza, que babeo. Es denigrante. ¡Cómo es posible, tengo una licenciatura y dos posgrados, y hoy no puedo ni siquiera ir al baño sola! Me siento tan torpe, tan ajena a mi cuerpo.

Me encantaría que alguien me platicara o me arrullara con su voz; que me tocaran, no para sentir mi pulso, sino para decirme que les importa, que me van a ayudar, que voy a estar bien y que mi vida va a seguir adelante. Porque para mí, sentirme bien significa volver a correr con mis hijos, reírme a carcajadas, tener energía para gozar la vida, enmendar mis errores, pedir disculpas, dar las gracias, poder servir a los otros, especialmente a aquellos que en estos momentos lo han dejado todo para poder cuidar de mí.

Por favor, sé que están muy ocupados, pero quisiera que por un minuto dejaran de ser los expertos y me trataran como lo que soy, más allá de una enferma, como una persona. Además de medicamentos y monitores, necesito que me toquen amorosamente, que me llamen por mi nombre y me regalen una sonrisa. Porque esa es la medicina que mi espíritu necesita para poder seguir adelante en esta lucha diaria.

Cuánta razón tiene Tanya. los expertos deberíamos preguntar a los pacientes qué necesitan y no asumir que nosotros sabemos lo que les hace falta. Tendríamos que dejar a un lado todo lo que hemos leído, lo que hemos publicado y lo que creemos saber, para de verdad ver y escuchar a nuestro paciente y sus necesidades.

Adicciones y trastornos alimenticios

Ambos son pérdidas y aunque no entran del todo en el campo de la tanatología, sí están vinculados. Muchas veces, después de la muerte de un ser querido o una separación dolorosa, la sensación de pérdida catapulta el que estos trastornos afloren.

En nuestro país las cifras de adictos y personas con trastornos alimenticios son verdaderamente a-larmantes.

Los niños de todos los estratos socioeconómicos consumen alcohol a más tardar a los 13 años y para los 15 años muchos de ellos ya consumen drogas. Le llaman "fumar" con toda naturalidad al uso de la marihuana y aseguran que más de 70% de los jóvenes, al llegar a los 21 años, ya la han probado y muchos son consumidores ocasionales.

¿Qué le pasa a nuestra juventud? Simplemente una falta de humildad, ya que se consideran todo-poderosos; creen que pueden controlar su manera de beber, consumir sustancias y dejarlas cuando quieran. El problema es que en este momento no desean evitarlas y así se les pasan los meses. Lo que verdaderamente ocurre es que están buscando el amor en el lugar equivocado.

La adicción es una pérdida que conlleva muchas otras y que arrastra consigo al dolor de muchos más.

Si bien al principio señalamos a culpables de nuestra condición, al final de esta situación, que se torna tan fuera de control, todos resultan víctimas.

El consumo empieza para evadirnos de una realidad, un intento de supresión de la crisis. El que no está en crisis no cambia; hay que sentirla y quedarse lo suficiente dentro de ella para estar seguros de que extrajimos el aprendizaje.

¿Quieres que tu vida cambie? Pues métete en la crisis, así participas de tu existencia.

Los trastornos alimenticios le roban la posibilidad a un joven de vivir una vida normal, acorde con su edad. Están constantemente preocupados por el contenido calórico de sus alimentos y caen en ciclos de atracones y purgas que los llevan a dañar severamente su salud.

Su adicción por la comida secuestra sus funciones cerebrales. Pero no llega a robarles todo, por eso la recuperación y la espiritualidad son posibles.

La consideración aquí es encontrarle un sentido a la vida, tener un *para qué* que nos detenga de experimentar sin freno alguno todas las cosas que la vida presenta.

No requieres agudizar tus sentidos con sustancias; necesitas vivir la vida sin resentimientos, con tus ciclos cerrados y tus perdones otorgados.

A veces las personas emprenden largos viajes a la India o al Amazonas para buscarse a sí mismas. El trayecto es en realidad mucho más corto. Basta con mirar hacia adentro sin importar el escenario donde me encuentre.

La diferencia entre estar y existir es la conciencia. Uno renuncia a su existencia al momento de drogarse o entregarse a la compulsión de la comida.

No duden en pedir ayuda profesional ante estas situaciones, ya que tanto los trastornos alimenticios como las compulsiones son pendientes adictivas muy empinadas y podemos rodar por ellas hasta tocar un fondo muy doloroso que pudiera acabar inclusive con nuestra vida.

Las adicciones, ya sea a la comida o a sustancias, no son falta de moral o de fuerza de voluntad, es no creer que uno merece ser feliz y por ello no se encuentra cómo luchar.

La comida en exceso, dejar de comer por completo o las drogas son algo que se te vende como un buen amigo, que te aligera la carga y te hace sentir mejor, pero ese "amigo" te va a pasar una factura muy cara, por sus momentos de alucinación, desconecte e hipersensibilidad. Acabará siendo tu peor enemigo.

Anímate. Ese jaloneo interno que sientes por tus apetencias y deseos te avisa que estás vivo. No te asustes, únicamente sigue trabajando.

La historia de Pilar

La verdad, yo no voy a dejar la marihuana. Me gusta y todo el mundo que la ataca es porque no sabe nada de ella. Está comprobado que hace menos daño que un cigarro. ¿Cómo ves?

También es cierto que a veces me meto una tacha o en ocasiones especiales algo más, pero eso no es siempre y lo hago porque quiero dejar de sentir tanta bronca que hay en mi casa. Gano 10 o 12 horas de estar bien y eso vale la pena. La neta, sí es cierto que luego todo es peor, porque cada día siento que ese bienestar se va más rápido y el dolor regresa más crudo y fuerte.

Tengo ganas de que me abracen, de que mi papá me sobe la cabeza y me diga que todo va a estar bien. Creo que me duele haber crecido y quisiera volver a esa época cuando estábamos todos en la casa. Mi hermano no había muerto, mi mamá estaba sana y mi papá parecía feliz.

¿Qué nos pasó? Todo. Yo morí el día que Jaime chocó y aunque solo hubo un cadáver, yo me hundí con él. Sí, sí estoy triste y enojada y asustada y un montón de cosas. ¿Pero eso qué? A quién le importa. Tal vez a ti, por eso me lo preguntas y tomas notas, por eso quieres que pongamos esto en tu libro...

Mudanza, cambio de residencia

Entre las pérdidas menores que maneja la tanatología están el cambio de residencia o una mudanza para radicar en una ciudad o país distinto.

Aunque sea por motivos gozosos, el cambio siempre genera incertidumbre y nos desestabiliza. Me queda claro que los cambios siempre, a la larga, son para bien, pero como nos aferramos mucho a las cosas materiales, a los lugares y costumbres, todos estos cambios nos cuestan muchísimo trabajo.

Lo que se tiene que hacer aquí es precisamente un trabajo de cierre: despedirnos de los lugares y las cosas que tanto bienestar o felicidad nos han dado, entender que los recuerdos se van con nosotros a donde vayamos y no se quedan en los lugares donde estuvimos con una persona o donde vivimos con otra, los traemos puestos.

Dar las gracias por lo ahí vivido y decir, en voz alta si es posible, que ya estamos listos para que alguien más ocupe ese espacio, ese departamento o esa casa y que le deseamos lo mejor. Soltar para recibir, dejar ir y despedirnos es un gran aprendizaje.

Con tener lo necesario para sobrevivir a un desastre natural es más que suficiente; es decir, con tenernos a nosotros mismos, lo demás es lo de menos. Aunque permaneciéramos con nuestra existencia desnuda, como les pasa a algunas víctimas de huracanes e inundaciones, podríamos salir adelante. Así pues, con mucha mayor razón cuando se trata de una mudanza.

La vida no nos quita cosas, nos libera de ellas, porque a veces en esos movimientos está el aprendizaje y el crecimiento.

La vida cambia porque cambia tu rumbo, tus lugares conocidos, las tiendas a las que acudes y las calles por las que transitas. Extrañas tus rutinas y costumbres, y hay que aceptar esto porque aunque el cambio haya sido para bien, nos saca de nuestra zona de confort.

Paciencia y una actitud abierta al cambio ayudan mucho en estos tránsitos de la vida.

Debemos ser flexibles. El material con el que se hacen hoy en día los anteojos infantiles es totalmente maleable. Lo rígido tiende a romperse, lo flexible se adapta y ajusta.

Los tiempos de mudanza son momentos de limpieza. Aprovechen para deshacerse de objetos y sentimientos que nos hacen avanzar más lento por el camino; a veces representan un equipaje muy pesado de cargar.

Luis comparte con nosotros lo que representó para él mudarse de casa:

La historia de Luis

Una definición de mudanza que solo implique el traslado de mobiliario, un largo camión y cargadores, deja a un lado una arista fundamental de la misma: el movimiento de emociones. Una casa nueva implica llevar de un lado a otro la cama en la que uno duerme; la cama no cambia, pero quien duerme ahí, sí. Cambia porque ahora al acostarse ya no ve la conocida grieta en el techo, entra más luz por las persianas, el cuarto es más frío. La sensación de seguridad, comodidad y paz que representaba la noche en la casa anterior (donde se durmieron muchas noches) desaparece, y es suplantada por la emoción y la siempre fascinante aventura de dormir en lugares diferentes a lo cotidiano. Los cargadores no se llevan el sillón o la mesa: se llevan el sillón que estaba en la sala, donde papá siempre se sentaba, mirando a la pared; se llevan la mesa que era iluminada por la lámpara colgante que ahora ilumina el mármol de la "casa vieja".

Cambia la casa, y cambia quien la habita. Es una oportunidad para reacomodar los libros, desechar lo inútil y reordenar todo, desde los discos hasta los pensamientos. Las mudanzas son una manifestación de la vida misma, de ese constante movimiento hacia delante, de las nuevas oportunidades, las nuevas grietas que enyesar, cuartos que redecorar. Una casa distinta para habitantes distintos.

Pérdida del empleo y cambio
en la situación económica

Ambas son situaciones que nos causan mucho estrés y desazón porque nuestra función de proveedor de una casa se ve afectado.

Son golpes fuertes que siempre significan una oportunidad de cambio, giro en las actividades y nos obliga a ser creativos para salir adelante.

No son tragedias, pero deben asumirse con seriedad y proactividad. Nada de depresiones y de amarrarnos los ímpetus por todos aquellos que dicen que estamos en "crisis" y que no es momento de cambiar o arriesgar. La palabra *crisis* tiene dos acepciones: peligro sí, pero también oportunidad. ¿Por qué quedarnos siempre con la primera, en lugar de poner a prueba nuestro poder de adaptación y fortaleza?

Debemos desoír los miedos y poner manos a la obra. Darnos cuenta de que no somos gerentes de banco, tal vez trabajábamos como gerentes de banco, pero no lo somos. Hay que saber que no es nuestra identidad la que peligra.

Si detecto que fue mi culpa el ser despedido, pues corrijo lo que haya hecho mal, si se puede, o al menos aprendo de ello responsabilizándome de lo que pasa. Convertirme en víctima solo me pone en el extremo opuesto de la responsabilidad y ahí es donde se encuentra la verdadera felicidad.

En el momento que nuestra vida dependa de un trabajo o situación económica para ser felices, entonces estaremos habitando una verdadera prisión.

El trabajo es un medio que dignifica al hombre, no es su fin último.

Entendamos que todos los cambios finalmente se resuelven para bien, abren nuevas oportunidades y nos llevan a ser creativos y valorar lo que realmente es importante.

El promedio de tiempo en México para volver a emplearse es de seis meses. Por ello, debemos ser muy administrados con nuestro finiquito y entender que cuando estamos desempleados sí tenemos un trabajo: es precisamente buscar trabajo.

En el caso de la jubilación, la situación es distinta. También viene cierta desubicación y melancolía, pero si se ha llevado una vida ordenada, la jubilación se ve como un bien largamente acariciado, ganado a pulso, y debemos ser capaces de empezar a vivir la vida a otro ritmo, pero siempre en actividad.

Cómo vivió todo esto un paciente:

La historia de Tomás

Tras 13 años de trabajar para una empresa en el ramo químico-farmacéutico, un buen día me mandaron llamar, me dijeron que la compañía estaba sufriendo una reestructuración y que las funciones de mi puesto serían reabsorbidas por otras áreas. Yo estaba despedido. Claro, no usaron esas palabras, lo dijeron bonito. Adornado.

Me hicieron firmar la recepción de un cheque que, según me explicaron, cubría todos mis honorarios y prestaciones al día. Me recordó cuando cerraron el parque de diversiones donde llevé a mis hijos y antes de que pudiera alguien reclamar, ya nos estaban entregando pases gratis para otro día, como para que nadie se alborotara. No me alboroté. Tardé dos semanas en salir de la conmoción.

Primero pensé que serían como unas vacaciones, que por cierto ya las necesitaba. Disfruté dos días y ni siquiera completos. Por momentos me asaltaban los miedos y hasta el coraje porque yo no me merecía esto. Me imagino que todos decimos lo mismo.

Luego empecé a abrir el periódico con la ilusión de encontrar un aviso que dijera: "Tomás, te buscamos a ti, ven pronto, te pagaremos bien". Nunca lo encontré.

Tomé un curso que, según mi esposa, me ayudaría a elaborar mi *curriculum vitae* y ponerme al día para las entrevistas de trabajo. Sirvió para eso y también para quitarme la piyama.

Hoy lo veo con cierto humor, pero les aseguro que fueron seis meses muy difíciles. Gracias a la vida que encontré una chamba antes de que nos acabáramos mi liquidación. No es mi trabajo ideal pero sigo buscando. Nada más que ahora con la tranquilidad de que, al menos, tengo algo seguro cada quincena.

Todos han apoyado en casa, redujimos gastos y me animan.

Hoy sé que la familia es mi bien más preciado, que el trabajo es un fin para procurarles una vida cómoda y también para sentirme útil y bien conmigo mismo, pero que no es el eje de mi vida. Tal vez algún día entienda por qué me sucedió esto, tal vez no, pero sé que estoy en pie y que no estoy solo.

¿Qué me dejó este capítulo?

_____
_____
_____
_____
_____
_____
_____
_____
_____
_____
_____
_____
_____

Encuentros y desencuentros

_____
_____
_____
_____
_____
_____
_____
_____
_____
_____
_____
_____
_____
_____

Aprendizajes significativos

_____
_____
_____
_____
_____
_____
_____
_____
_____
_____
_____
_____

Tareas por realizar

_____
_____
_____
_____
_____
_____
_____
_____
_____
_____
_____
_____
_____

IV
Recobrar el ritmo
y las costumbres de familia

Después de una pérdida sentimos que todo se ha derrumbado, que no volveremos a ser felices y que nuestra familia ha quedado mutilada. Conforme avanzamos en el proceso de duelo, termina el luto material y emocional, y empezamos a ver las cosas de distinto color. Como si nos hubieran retirado un velo oscuro que hasta ahora cubría nuestros ojos.

A veces, te sorprendes a ti mismo riéndote o simplemente con una sonrisa sincera. Menos ansioso y más tranquilo. En paz. Ahí está el comienzo de la recuperación. Esto es cada vez más frecuente y aunque al principio no te lo crees y en ocasiones hasta saboteas esta felicidad incipiente, poco a poco compruebas que ya no hay hemorragia; es tan solo un goteo y puedes comenzar la reconstrucción.

Retomar las costumbres y el ritmo de una familia es muy importante. Manda un mensaje claro al universo de que fluyes con él, que ya no esperas que se acabe la Navidad o se eliminen las festividades y cumpleaños.

Entiendes que la vida es un movimiento perpetuo y quieres participar de él.

Si bien es cierto que durante el primer año de una pérdida nos duele profundamente ver ciertos anuncios emotivos en la televisión o encontrar decoradas las tiendas y almacenes con motivo de alguna fecha específica, con el tiempo y nuestro trabajo de cierre recordamos cuánto disfrutábamos esas celebraciones o bien que nuestro ser querido era feliz con ellas. Así pues decidimos perpetuar su legado.

Volvemos a decorar la casa, montamos el altar de muertos, organizamos una posada y así empezamos lentamente a permitirle a la felicidad rondar a nuestra familia. Debemos abrirle la puerta por completo. Esas tradiciones de familia nos dan un sentido de pertenencia, nos motivan para levantarnos de la cama, salir de nuestras tristezas y hacer felices a otros. Soy parte de… Recupero mis ganas de reír viendo reír a quienes amo, y me dejo contagiar del ritmo cuando la música penetra en mis sentidos.

Hasta hace muy poco los abuelos regañaban a los jóvenes o niños por escuchar música en casa después del fallecimiento de alguien: "¡Por favor, guarda algo de respeto!". Ahora entendemos que el respeto al dolor de los demás significa tenerles consideraciones y paciencia, pero nada tiene que ver con mantener un estado de ánimo triste y sombrío. La vocación de alegría debe aflorar porque la necesitamos para nosotros y para los demás.

No hay nada más difícil que vivir con alguien que no es feliz y trata de cobrarle su infelicidad a los demás integrantes de la familia. El hogar se vuelve un hervidero de grillos una vez que ocurre un deceso o pérdida mayor. Cada miembro de la familia vive su duelo en tiempos distintos y confluyen en la mesa del desayuno: alguien que sigue en la negación, otro instalado en la rabia y un tercero atrapado en la depresión. Es un panorama terrible, ¿no lo creen? El que alguien transite su duelo con los retornos y recaídas esperados, pero con un ritmo para tratar de estar bien, va jalando al resto de los integrantes del clan diciéndoles: "Sí se puede; si yo pude, tú puedes".

Existe algo llamado *depresión de aniversario* y se manifiesta con mucha tristeza o ansiedad cuando se acerca la fecha en que ocurrió un fallecimiento, sería el cumpleaños de quien murió, el nuestro, o bien nuestro aniversario de bodas. Si ya sabemos que va a ocurrir o que por lo menos van a ser fechas difíciles, ayudará el estar consciente de que el día no durará más de 24 horas, como todos los demás, que todo pasa y nada es para siempre. Debemos planear con anticipación para que no nos sorprenda sin planes, sin protegernos de lo que podamos sentir. No debemos exponernos mucho, pues si tuviéramos una pierna rota, habría un yeso que sería prueba manifiesta de que hay una lesión y se necesitan cuidados; pero cuando la fractura es emocional y no hay yeso, la gente suele olvidar el momento que vivimos y nos corresponde a nosotros cuidarnos.

Si mi madre murió, procuraré no ir a un restaurante el 10 de mayo; si mi padre falleció un 24 de diciembre, haré planes para no pasar la Navidad en una cena tradicional extrañándolo, sino hacer algo diferente. No se trata de huir ni evadirme, solo de planear y anticipar para estar en control y no sentirme arrastrado por los sentimientos que en el duelo suelen aparecer en los momentos más inesperados, detonados por una canción, un lugar y a veces hasta por una palabra o aroma.

Algo muy importante es no sentir que traicionamos a la persona que no está, por estar contentos o celebrar algo; al contrario. Esa persona no hubiera querido tu infelicidad y no es traición, sino agradecimiento el continuar con tu vida y hacer un esfuerzo consciente por no volverte el amargado en las festividades familiares.

Nuestra cultura es de mucha fiesta y celebración. Es parte de nuestra idiosincrasia y de lo que echamos mano para aguantar los golpes de la vida o las carencias en otros terrenos. Lo más aconsejable es dejar al alcohol fuera de estas fiestas por un tiempo, ya que estamos vulnerables y no sabemos cómo vayamos a reaccionar con desinhibidores de la conducta y depresores del sistema nervioso central.

Todo esto es temporal, pero también ayuda saber que es normal que no puedas ser testigo de escenas familiares muy emotivas, que no va a ser así para siempre, pero que por el momento la felicidad o estabilidad de otros te hiere, sin que esto quiera decir que te volviste un ser malo o egoísta. Simplemente eres humano y como tal te preguntas: "¿Por qué yo? ¿Por qué no otro?".

A continuación, los hago partícipes de uno de los escritos más impactantes y emotivos que he tenido en mis manos.

Es una determinación que tomó doña Nelly, después de haber sufrido un cáncer de piso de boca tan severo que debió ser operada con uno de esos procedimientos que llaman de *comando*, como cuando les explota a los soldados una granada en la cara. Hoy, con 81 años de edad y luego de muchos dolores y radiaciones, nos regala esto:

El testimonio de doña Nelly

Yo me prometo a mí misma continuar creciendo toda mi vida y respetar tanto mi cuerpo como mi alma.

No me permitiré morir ni un solo minuto antes de que mi corazón deje de latir. Asimismo, voy a ejercer mi derecho a la búsqueda de la felicidad, siempre tendré presente que no es un derecho al que pueda renunciar, así que viviré y seré feliz hasta mi último aliento.

Al día le sigue la noche,
de igual forma que el invierno
antecede a la primavera.
No hay estación ni tristeza
que permanezca para siempre.

Cerrar círculos

Cuando nos acontece una pérdida, sentimos que nuestro mundo está devastado. De hecho, se utiliza mucho la frase: "Vas a rehacer tu vida", especialmente cuando alguien ha perdido a su pareja. Nuestra existencia parece desecha pero no lo está, al menos no toda ella.

La vida de todos nosotros está compuesta por ocho áreas distintas. Son como rebanadas de un pastel que conforman un todo, pero tienen su área muy específica de aplicación.

Te invito a realizar el siguiente ejercicio denominado **La Rueda de la Vida**. Tiene como objetivo evaluar nuestro desempeño en las diferentes áreas de la vida, con fecha del día que lo hagamos.

El centro es cero y la circunferencia es 10. Así pues, marca con un puntito donde consideres que está tu calificación el día de hoy en cada división. Toma en cuenta las siguientes especificaciones y al final une tus puntos para ver qué figura te queda.

Analiza después si hay equilibrio en esa rueda. ¿Si pudiéramos borrar la circunferencia del círculo la figura creada por tus resultados giraría con facilidad? Observa si tu vida tal vez tiene equilibrio pero se mueve en un nivel muy pequeño, es decir, la vida te ofrece 10, pero si tú te conformas con un 6, algo pasa ahí.

Piensa que tu rueda y la de tu pareja forman una carreta en la que están subidos los hijos. Tu responsabilidad es mantener tu rueda lo más redonda posible; no ser ambas ruedas, la carreta y el camino.

La Rueda de la Vida

Fecha: _____

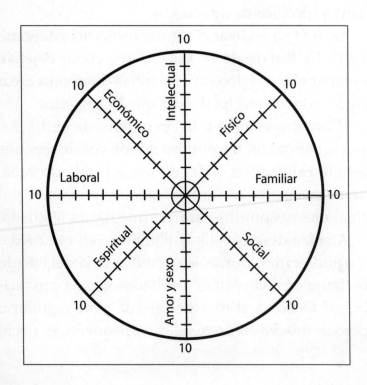

Área Intelectual. Aquí califica qué tan inquieto estás intelectualmente hablando. Es decir, si tienes ganas de aprender otro idioma o computación, si te gusta leer, si asistes a algún diplomado o consejería.

Si has leído este libro hasta este punto, seguramente tu calificación en esta área reflejará un buen puntaje. En este caso, es importante ver qué tanto pasas de la intención a la acción, porque puedes querer hacer muchas cosas, pero en la realidad no concretar ninguna.

Área Física. El ser humano es tridimensional, lo componen alma, cuerpo y espíritu. El cuerpo es el equipo físico que traemos para hacer frente a los retos que se nos presentan. Aquí evalúa tus hábitos alimenticios y tu relación con la comida, qué tal duermes y si haces ejercicio, tomas algún complemento alimenticio y si visitas a tu médico con regularidad. ¿Tienes por ahí algún malestar al que no le has prestado atención o te encuentras en excelente forma? ¿Del 0 al 10 qué calificación te pondrías en este rubro?

Área Familiar. Toma en cuenta aquí a tus hijos, padres y hermanos. No entran ni parejas ni familia política. Mide cómo es tu comunicación con ellos, la frecuencia con la que se ven y la calidad de ese tiempo juntos, lo cercanos que son y lo que crees saber de ellos y viceversa.

Área Social. Ya hemos dicho que los amigos son la red de apoyo que nos sostiene cuando podríamos haber caído hasta el suelo. En el momento en que la familia en la que nacimos falla, a veces la familia escogida, que son los amigos, entra en escena. Mide si haces reuniones en tu casa, si te invitan a fiestas y cenas, si te acuerdas del cumpleaños de tus amigos o es tu computadora la que los manda felicitar desde tu agenda electrónica. ¿Ellos se acuerdan de ti, te procuran y buscan? Márcalo con un punto en la gráfica.

Área de Sexo y Amor. Hay amor sin sexo y sexo sin amor. Para tener 10 en este apartado, debemos contar con una pareja, amarla, ser correspondidos y tener sexo con la frecuencia y calidad que nos agrade. Forzosamente se habla aquí del amor a una pareja, no del amor a la vida, a la patria ni nada por el estilo. En personas mayores de 70 años, sexo puede sustituirse por afectividad. Hoy en día es muy común encontrar parejas muy jóvenes que no están teniendo relaciones sexuales de manera regular y satisfactoria. Entre el estrés y la depresión dejan pasar lapsos muy largos sin encuentros amorosos, lo que a la larga va fracturando su relación y poniendo la mesa para una posible infidelidad.

Área Espiritual. El cuerpo se enferma, la mente también, pero el espíritu nunca lo hace. Es solo que si el cuerpo y la mente están muy enfermos, el espíritu, que es como la antena receptora, parece no captar bien la señal. Ser espiritual no significa únicamente ser religioso, significa conocerse a uno mismo, entender que la vida tiene varios niveles de profundidad y que *tener* no significa *Ser*. Claro que si tenemos fe y formamos parte de una comunidad religiosa, eso también entra en esta área.

Área Laboral. El trabajo dignifica al hombre. Si tu trabajo significa un reto para ti, te motiva y te hace sentir que tienes todas las herramientas para desarrollarlo profesionalmente, para lo cual no se necesita haber ido a la universidad, entonces califícate alto en este segmento. No tiene nada que ver con los ingresos que percibas por tu trabajo, sino cómo te sientes respecto a él y qué tanto te llena. Ser ama de casa es uno de los trabajos más completos que existen, pero debo analizar cómo me hace sentir mi desempeño en él.

Área Económica. El dinero no es la felicidad, pero sí es un medio para conseguir estabilidad y ciertos satisfactores que nos hacen la vida más llevadera. Aquí debemos evaluar que el dinero que recibamos, sea por cualquier medio, se aproveche y rinda bien. No puede hablarse de finanzas sanas si no existe aunque sea un poco de ahorro. Piensa cuánto debes en tarjetas de crédito, qué tiempo del día el asunto del dinero te roba la paz. El dinero siempre es un medio, nunca debe de ser un fin en sí mismo.

Una vez que hayas anotado con un punto la calificación de cada apartado, une todos los puntos para ver qué figura formaron. ¿Recuerdas el nombre del ejercicio? ¿Tu rueda gira?

No hay vidas perfectas. Si alguien anotó diez en todo, seguramente está mintiéndose a sí mismo; también lo hará quien conteste cero en cada apartado, pues siempre hay por lo menos un aspecto rescatable de nuestra vida que nos sirve de tabla de salvación cuando llegan las malas épocas.

Se recomienda hacer esta dinámica por lo menos dos veces al año para evaluar cómo vamos y si estamos desequilibrando nuestra rueda con mucho trabajo, mucha vida social u olvidando a la familia.

Cerrar círculos significa llegar a términos con lo que pasó. La aceptación nada tiene que ver con que yo esté de acuerdo con la pérdida, sino más bien con que no deje asuntos inconclusos y eslabones abiertos que pudieran unirse a otros e ir formando cadenas de amargura.

Despedirme, dar gracias, perdonar y ofrecer disculpas, además de decir lo que siento, me asegura paz interior y abona la tierra para nuevas cosechas en mi vida.

Volver a ser felices

¿La felicidad es posible después de una pérdida? Por supuesto que sí. El duelo es una batalla, pero el contrincante somos nosotros mismos; gana tu lado de luz y fortaleza o se abandona y avanza la oscuridad y la depresión.

Un ganador es una persona feliz, no por lo que le pasa en su exterior, sino por lo que le motiva en su interior. Así pues, la felicidad es una decisión que tiene más que ver conmigo que con lo que pasa en mi vida.

Quien es feliz se compromete en su proceso y quien se compromete triunfa. Descubre que la verdadera felicidad es a pesar de... y no gracias a...

Para poder ser feliz se debe aprender a negociar, es decir, a renunciar a un pedacito de lo que deseamos. Nos frustramos porque las cosas no salieron como nosotros hubiéramos querido, pero entendemos que la frustración es el comienzo del aprendizaje.

Solo se puede aprender a partir del error. Si haces algo bien desde la primera vez no aprendiste nada, ya lo sabías. Así pues, no seas severo contigo mismo, ten paciencia. El camino de la aceptación y la paz interior está lleno de reveses, de curvas y pendientes. No es fácil llegar a él, tal vez por eso se valora tanto cuando finalmente se alcanza.

Por dura que haya sido la experiencia, por costoso que haya resultado el error, es siempre posible volver a empezar. Mientras hay vida, hay esperanza, y me refiero a la vida propia, no a la de nadie más, ya que, en estricto sentido, para vivir solo me es verdaderamente indispensable tenerme a mí mismo, no abandonarme.

No somos los únicos que sentimos el deseo de construirnos vidas cada vez más felices y mucho menos los únicos que tenemos el derecho de intentarlo. Por eso la tolerancia y comunicación son fundamentales para una familia que atraviesa por un duelo. Si nos encerramos en nuestro dolor, si tenemos expectativas acerca de la conducta de los demás y sobre todo si conservamos la sensación de que nadie puede entendernos, entonces no habrá avances ni crecimiento.

Debemos aceptar que hay algunas situaciones donde no podemos elegir, porque son en realidad producto de una elección previa o simplemente tienen que ver con el destino.

Las cosas pasaron como tenían que pasar, no como yo hubiera querido que pasaran. Atormentarnos porque no estuvimos ahí justo en el momento de su muerte, porque no le cerramos los ojos o porque estábamos fuera del país no tiene sentido. Si hubiéramos tenido que estar ahí es porque había un aprendizaje para nosotros; si no, es porque no era necesario.

Ser responsables y felices es decidirnos a encarar nuestra vida con absoluto protagonismo, entendiendo los hechos de nuestra vida como una consecuencia deseada o indeseable de algunas de nuestras decisiones. Responsabilidad es asumir el costo de dichas decisiones. Diferenciemos muy bien aquí culpa y responsabilidad. La culpa es algo que no nos deja avanzar y nos persigue como una sombra. Si algo es mi culpa es porque yo quería que pasara e hice cosas para que ello sucediera; si no es así tal vez sea corresponsable, si yo iba al volante o si tomé una decisión equivocada, pero no es mi culpa, no tengo por qué cancelarme la posibilidad de ser feliz pagando una condena por no haber sido yo el fallecido.

Para ser felices es necesario que seamos capaces de cosechar:

- Alguien que celebre sinceramente nuestros logros.
- Alguien que quiera acompañarnos en los momentos fáciles y los difíciles.
- Alguien que respete nuestros tiempos y elecciones.

- Alguien que disfrute nuestra compañía sin ponernos en la lista de posesiones.
- Alguien por quien nos sintamos queridos.

Ojalá que sepamos ser ese alguien para nosotros mismos.

Fortalecidos para seguir adelante

Conmemorar fechas importantes es parte fundamental de la recuperación y la sanación. Es nuestra manera de rendir homenaje y promover la aceptación de la pérdida y llegar a la serenidad. Vencer el miedo, el dolor y la soledad marca nuestra vida de maneras significativas. Seguir adelante quiere decir que ya no hay lugar para la culpa, el remordimiento o el arrepentimiento; queda únicamente el amor.

Comparto aquí una carta que Patricia le escribió a la *Tanatología*:

Después de varios meses hoy he decidido rendirme a tus esfuerzos, a tu trabajo por poner mis ojos y mi corazón ante los claroscuros de mi reflejo.

Quiero que sepas que te amo y te agradezco muchísimo; hoy tengo conocimientos y sé que hay algo más allá de lo que llegué a despreciarte y culparte por el gran dolor que me hiciste sentir.

Muchas veces pensé que lo mejor hubiera sido no haberte conocido; me ayudaste a superar una pérdida y de pronto sentí que se me venían encima muchas otras más.

Cómo te atreviste a tocar aquella vida "perfecta" que construí con tanto esmero, como si hubiera hecho un castillo de arena.

Eso fue jugar sucio, pensé.

Si un día pasó por mi cabeza otorgarte el perdón, hoy me retracto y te pido mil perdones, porque a la única que tengo que perdonar es a mí misma, por las decisiones que tomé, por mi cobardía al no quererme enfrentar conmigo misma.

A ti te digo, GRACIAS, probablemente el más profundo y sincero que haya pronunciado en 30 años.

El dolor fue enorme, pero mucho mayor la recompensa, aunque todavía sigue en construcción, pero esta vez no como un castillo de arena, sino como una fortaleza hecha con el material más resistente y capaz de capitalizar de la mejor manera hasta la peor tempestad.

Sin duda los regalos más importantes que me hiciste fueron: desear vivir, salud, autoestima, reconciliación, paz, amor, fe y vocación.

Después de conocerte me cambió la vida para siempre, me moviste desde lo más profundo de mi ser y te estoy tan agradecida que hoy quiero aprender más de ti, quiero ser tu voluntaria para ayudar a otros a vivir, a reencontrarse con la luz y que a través de tu sabiduría encuentren paz y fe.

Sobreponerse al fallecimiento de un ser querido o a una pérdida inhabilitante requiere compromiso, cuidados, cariño y tiempo. Ese tiempo que tarden en recuperarse nuestra autoestima y sentido de seguridad dependerá en gran medida del estado en que se encontraban antes de la pérdida.

Para los niños que alguna vez se sintieron diferentes a sus compañeros y que pensaron que siempre llevarían la carga del dolor y la culpa, es una sorpresa muy agradable reconocerse una vez más igual a todos, disfrutando la vida y volviéndose a preocupar por cosas pequeñitas.

Recuperarse no significa borrar por completo la tristeza; la ausencia pesa y duele, y en la medida en que seamos emotivos nos seguirá haciendo falta la persona amada.

Es importante fijarnos metas, socializar y aceptar la realidad con todos los cambios que generó. Asimismo, ajustarnos a las nuevas condiciones y fluir con lo que está pasando. El progreso es gradual, pero debe notarse.

Debemos darnos permiso para ser felices, no creer que la medida de mi sufrimiento se equipara a la medida de mi amor por quien murió o me abandonó. Por el contrario, entre más amé a alguien que ya no está a mi lado, más obligada estoy a ser feliz por él y por mí.

Volver a sonreír no es traicionar a nadie, es aprender a ver a esa persona en mi interior. Lo importante es pasar a través del dolor, no darle la vuelta ni evadirlo, porque en cualquier momento puede salirnos al encuentro en nuestra vida, escondido tras alguna cosa insignificante que nos desborde.

Experiencias de este tipo tienen el poder de llevarnos a adquirir mayor conocimiento y crecimiento. Las pérdidas mayores se convierten en un vehículo para renovar nuestra vida cuando dejamos de considerar lo que nos pasó como un castigo y lo vemos como un proceso.

Este renacimiento nos deja fortalecidos para seguir adelante.

Mi madre siempre repetía: "Si los golpes de la vida te tiran, que el orgullo te levante". Más que orgullo, esa capacidad de seguir adelante sobreponiéndose a las desgracias con un corazón valiente y fortalecido se llama *resiliencia*.

Todos hemos pasado momentos difíciles, hemos tenido puntos de quiebre y frente a ellos es normal reaccionar con angustia, miedo y estrés. Nos toma un tiempo recuperarnos, a unos más que a otros, y es probable que queden secuelas psicológicas de lo ocurrido.

Llevamos dentro de nosotros una caja de herramientas emocionales de las cuales debemos echar mano en estas circunstancias. Así mantendremos un funcionamiento efectivo y recuperaremos el equilibrio que deseamos para tener paz.

No se trata de superar una situación traumática sino de aceptarla. Superar pareciera ser que te dejo atrás y sigo adelante, y aceptar es asimilar lo mejor de esa persona o situación que se terminó y entonces, empoderado, seguir el camino.

Resiliencia es también conservar un aprendizaje significativo después de esta situación de tensión aguda. Los resilientes ven los problemas como oportunidades de crecimiento más que como obstáculos. Ellos son motivo de una reflexión profunda que estimula su sentido de vida.

Fortalecernos para continuar nuestra misión implica readaptarnos a las nuevas condiciones de vida.

Las respuestas adaptativas son lo que evolutivamente nos permite seguir en este planeta y moderar los efectos negativos de los embates de la vida.

La resiliencia es una característica que puede aprenderse teniendo una interacción positiva con el ambiente, sin sobreprotegernos. La sobreprotección es también una forma de agresión. Así pues, no hagamos hasta lo imposible por proteger a nuestros hijos de la vida y sus dolores de crecimiento; hagamos todo lo posible por acompañarlos a experimentarla. Estar vivo es el mayor de los riesgos, todo puede pasarnos; por eso los muertos ya están bien, porque ya llegaron a puerto seguro.

No hay fórmulas mágicas para sobreponerse rápidamente y sin dolor a una pérdida. El dolor tiene un sentido y tratar de encontrárselo es uno de los grandes retos de la vida.

Hablar acerca de la muerte y el sufrimiento que causa es un paso esencial para emerger como un adulto emocionalmente sano.

Si alguien cercano a ti ha enfermado, es preso de una adicción, está próximo a la muerte o simplemente se ha ido, puede ser que encuentres difícil concentrarte para acabar de leer un libro, pero si has llegado hasta acá seguramente es porque alguien necesita de tu ayuda, se preocupa por un hijo, una madre o un amigo o, en el mejor de los casos, has hecho el esfuerzo por ti mismo. Si es así, te felicito. Recorrer el camino del duelo asegura crecimiento y paz, nos compromete a ayudar a otros.

El objetivo de contar aquí historias de algunos de mis pacientes que me autorizaron a hacerlo y quienes en su mayoría usaron un nombre falso, es inspirar a otros a saber que sí se puede salir fortalecido de una fuerte experiencia. En nosotros está el tomar las cosas como tragedias o lecciones, siempre tenemos la opción de conservar el aprendizaje y soltar la anécdota y el enojo o bien no hacerlo y asumir las consecuencias.

En lugar de cuestionarnos siempre "¿por qué a mí?", debemos preguntarnos: "¿Y por qué a mí no habría de pasarme?" No hay inmunidades o excepciones, todos somos vulnerables y mortales, sin importar condición económica, puesto de poder, influencias o resistencia a que esto ocurra.

Por eso es de vital importancia que no apartemos a los niños de los procesos de vida y muerte; deberíamos dejarlos aprender de las pérdidas.

Debemos abrir el tema sin miedo. Todo lo que no se habla en familia, lo escondido debajo del mantel, es lo que la hace disfuncional. Los secretos familiares no duran para siempre, es mejor ser honestos.

Sé que es posible salir adelante, capitalizar lo vivido a nuestro favor. A este precio no hubiéramos querido las lecciones, pero no pudimos escoger. El sufrimiento es obligatorio, pero la duración del mismo es opcional.

Lo he visto suceder. Tú también podrás *Curar un corazón roto*, tuyo o ajeno, con todas aquellas lágrimas que han necesitado salir y que ahora forman un escudo que protege; no es una armadura, pues tu capacidad de amar y dar siguen intactas, es solo una estructura emocional más sólida y empática.

Conocer sobre el dolor y el duelo no te vacuna contra el dolor, pero sí te da el conocimiento necesario para distinguir cuándo lo que te pasa es parte normal de un proceso y cuándo empieza a ser patológico o a quedarse atorado. Nos ayuda a conocer etapas, ciclos y movimientos; nos invita a vivir.

Si lloramos la pérdida de un ser querido es porque perdió algo valioso: la vida. ¿Qué derecho tenemos nosotros a desperdiciarla conscientemente?

Espero sinceramente que estas ideas para sanar la aflicción y la pérdida te hayan sido de utilidad y nos mantengan cercanos hasta que volvamos a encontrarnos.

¿Qué me dejó este capítulo?

_____
_____
_____
_____
_____
_____
_____
_____
_____
_____
_____
_____
_____

Encuentros y desencuentros

_____
_____
_____
_____
_____
_____
_____
_____
_____
_____
_____
_____
_____

Aprendizajes significativos

_____
_____
_____
_____
_____
_____
_____
_____
_____
_____
_____
_____
_____
_____

Tareas por realizar

_____
_____
_____
_____
_____
_____
_____
_____
_____
_____
_____
_____
_____
_____

Bibliografía sugerida

Frankl, Viktor E., *El hombre en busca de sentido*, Herder, España, 2004.

Gracía Pintos, Claudio, *La logoterapia en cuentos. El libro como recurso terapéutico*, Editorial San Pablo, Argentina, 2003.

Kübler-Ross, Elizabeth, *Death, the Final Stage of Growth* (La muerte, etapa final del crecimiento), Touchstone, Simon & Schuster, Estados Unidos, 1986.

Kübler-Ross, Elizabeth, *La rueda de la vida*, Punto de lectura, España, 2001.

Moore, Thomas, *Las noches oscuras del alma*, Urano, España, 2005.

Subotnik, Rona B. y Harris, Gloria G., *Surviving Infidelity, making decisions, recovering from de pain*, (Cómo sobrevivir a la infidelidad, tomar decisiones y recuperarse del dolor), Adams Media, Estados Unidos, 2005.